중·고등·대학생을 위한

인공지능
교과서 ③

고급편

최성, 사이언스주니어인공지능연구회 책임편집
AI PLUS 피지컬컴퓨팅교사연구회 감수

光文閣
www.kwangmoonkag.co.kr

인사말

인공지능은 인류를 위한 지구상에서의 마지막 기술이다. 인공지능 다음 세대는 인공지능 로봇을 앞세워 우주를 정복하는 세대가 다가올 것이다. 앞으로는 고등 수학이 사용되는 계산법으로는 지금까지 배워 온 인류의 지식 한도를 넘기게 된다. 본 교재를 통하여 인공지능 근본 원리를 이해하고, 수천 년간 학자들이 정의한 수학으로 인공지능 계산법을 익혀야 한다. 그리고 공용 언어인 영어로 과학(수학, 물리학 등)을 이해해야 세계 인공지능 개발자들과 함께 토의하고(오픈소스 커뮤니티), 지능 지식 기술의 해결점을 찾을 수 있다.

예를 들어 학생들은 인공지능 전문가가 되려면, 음악의 오케스트라 악단장·지휘자·공연 감독자처럼 되어야 한다. 일반 비즈니스 성공은 연주자(기획가)가 되기만 해도 된다. 인공지능 비즈니스와 예술 중 피아노 부문과 비교해보면, 인공지능 기획·설계·개발은 음악 예술의 피아노 제작자·작곡가·연주가를 합쳐 놓은 것과 같다. 인공지능 개발자 한 명이 제대로 된 지능 시스템 설계를 하면 수만 명을 먹여 살릴 수 있는 창조 시스템을 개발할 수 있다.

인류가 가진 문제 중 인공지능으로 문제를 해결하려면 설계 능력이 있어야 한다. 설계를 하려면 기획 능력을 갖추어야 하고, 기획은 근본 원리를 이해하여야 한다. 특히 창의적인 발상은 자유로운(Story Telling) 생각이 있어야 한다. 이는 독서를 통해서 이루어 진다는 것이 많은 전문가(아인슈타인, 빌 게이츠 등)에 의해서 입증된 바가 있다.

본 교재의 내용은 인공지능 기본 원리 중심의 알고리즘을 통하여 실험학습 방식으로 기초 해법을 구현할 수 있도록 하였다. 기본 원리의 보편화된 지도학습, 비지도학습, 강화학습으로 나누어진다. 지도학습은 2장에서 6장까지 구성하였으며, 비지도학습은 6장부터 8장으로 구성되어 있다. 그리고 9장에서는 인공지능 강화학습으로 알파고 사례를 들어 설명하였다. 앞으로 인공지능 원리는 슈퍼 인공지능이 탄생하기까지 무한한 진전이 있을 것이다. 이를 통하여 학습한 것을 다양한 상상력으로 기획·설계와 프로젝트를 구현하고 창조하길 바란다. 학습용 빅데이터는 준비(AI 허브: www.Aihub.or.kr)하고 있다. 이 과정에서 창조의 즐거움과 발전이 있을 것이다.

　인공지능 기술 개발 핵심인 프로그램의 쉬운 코드부터 시작해서 핵심적인 내용을 차분히 지식을 습득하면 인공지능 기획 설계·개발자가 될 수 있다. 여기에서 툴킷(프로그램 개발 도구)은 구글의 교육자와 학습자가 신뢰하는 코딩 교육으로서 맞춤형 원스톱 코딩 플랫폼(mblock.makeblock.com)을 개발 도구(Phython, Tensor flow) 모델을 활용하기 바란다.

　기초 이론을 튼튼히 하여 논리적으로 토론하고, 호기심을 가지고 "왜?" 하는 질문과 함께 최적의 해결 방법을 찾는 사고 능력을 배양하여야 한다. 혁신 중심의 인공지능 기획·설계·개발에서 시키는 대로 코딩만 수행하는 인재는 설명이 어려워진다. 슈퍼 인공지능의 해법은 인류의 숫자만큼이나 많이 존재할 것이다.

동북아교육문화 협력재단 표준연구소장/교수　최 성

목차

제1장 인공지능
4차 산업혁명 시대

우리는 급변하는 시대에 살고 있다. 이 시대의 흐름에 몸담고 있는 사람은 교실에서 부지런히 학업을 탐구하는 학생이든, 직장에서 열심히 일하는 연구원이든, 은퇴 후 노년의 행복을 누리는 어르신이시든 일상의 편리함을 누리며 살아가는 생활의 혜택을 받고 있다.

이러한 편리함과 안락함의 뒤에는 우리의 삶과 사회를 크게 뒤바꾸고 있는 과학 기술, 즉 인공지능의 물결이 거세게 일고 있다.

스마트 스피커에게 오늘의 날씨를 물어보면, 스마트 스피커는 음성 인식 기술로 질문을 알아듣는다. 최신식 휴대전화는 소유자가 마주보면 자동으로 잠금장치를 해제한다. 얼굴 인식 기술로 소유자를 알아보기 때문이다. 전자상거래 사이트에 들어가면 자신이 좋아하는 제품들이 먼저 등장한다. 나와 내 지인들의 구매 기록을 빅데이터 분석 기술로 분석해 내 취향을 알아냈기 때문이다. 새로 구매한 전기자동차로 경치 좋은 고속도로를 달릴 때도 스마트 시스템이 운전자를 보호하고 시시각각으로 발생하는 위험에 대비하며 맞춤형 알리미 기능으로 알려준다. 이 모든 것은 단지 시작에 불과하다.

10년 전만 해도 SF소설에나 나올 법한 것들이 오늘날 이미 생활 속의 일부분이 되었다. 그렇다면 이러한 인공지능의 물결에 힘입어 앞으로 10년 후 우리는 어떤 세상에서 살고 있을까?

1.1 아리의 하루: 시공간을 뛰어넘는 일상생활

하루의 시작

2030년 어느 날 아침, 한 줄기 햇살이 침실에 비쳐들고, 아리의 귓가에 부드러운 음성이 들린다.

"아리 님, 안녕하세요? 지금 시각은 2030년 3월 29일 아침 7시입니다. 오늘도 즐거운 하루를 보내세요!"

아리에게 아주 익숙한 목소리다. 스마트홈 시스템이 침실의 스피커로 알려주는 것이다. 성실하게 아리의 일상을 세심하게 도와준다. 아리가 천천히 침대에 일어나 앉으니, 맞은 편의 프로젝션 스크린이 켜지고 스크린에 아침 인사와 함께 아빠의 모습이 나타난다.

아리의 아빠는 인공지능 연구자이다. 아리는 어렸을 때, 아빠의 연구실에서 인공지능 기술을 경험해 본 적이 있다. 그때 아빠의 컴퓨터에 자신의 사진을 종류별로 분류하여 포토 모자이크(photo mosaic)로 만들어 놓은 것을 보았다.

화면 속에서 씩씩한 모습과 웃는 모습, 침울한 모습 등 포토 모자이크를 구성한 사진들은 생동감이 있었다. 아빠는 이 모든 것이 컴퓨터가 인공지능 기술을 사용해 자동으로 완성한 것이라고 알려주었다. 아리는 말할 수 없는 놀라움을 느끼고, 신비로운 미지의 세계를 만나게 되었다.

아리는 인공지능 기술자가 되어 인공지능으로 더 많은 사람에게 행복한 삶을 주겠다고 마음먹었다.

다양한 정보를 만나는 아침 식사 시간

아리는 일어나서 식당으로 갔다. 요리 로봇은 아리의 입맛과 최근 며칠간의 건강 체크 시스템 데이터를 바탕으로 밀크티, 샐러드, 좋아하는 빵 두 조각 등으로 영양의 균형을 맞춘 아침을 준비해 놓았다. 이렇게 건강하고 맛있는 아침을 먹고 아리는 활기차고 기분이 상쾌해졌다.

아침 식사를 하는 동안 식당의 프로젝션 스크린은 오늘의 뉴스 브리핑을 보여 준다. 데이터 폭발의 시대에 아리가 사는 도시에서 하루에 생산되는 정보량은 10년 전 세계에서 생산되는 정보량보다도 많다. 그러나 아리는 이것 때문에 고민할 필요가 없다. 효과적인 정보 분류 시스템이 매일 많은 정보 속에서 아리가 관심 갖는 부분만 찾아서 간편하고 신속한 방식으로 전달해 주기 때문이다.

출근길 자동차 물결 속에서의 안락함

아리가 집에서 나오니 자신의 파란색 전기자동차는 집 앞에서 기다리고 있다. 자동차는 밤에 차고에 있다가 아리의 움직임을 관찰하는 스마트홈 시스템의 지시에 따라 미리 집 앞에 와서 대기한다. 이런 평범해 보이는 과정 속에는 자동 신분 인증과 행동 인식 모듈이 작용하고 있다. 소유자에게는 모든 것이 물 흐르듯 자연스러운 조화를 이루고

있지만, 낯선 사람이 접근하면 자동차는 문을 열지 않고 보안센터에 경고 메시지를 전송한다.

차에 탄 아리는 부드러운 목소리를 듣게 된다.

"아리 님! 안녕하세요. 출근하실 건가요?"

아리의 확인을 받은 후 자동차는 움직인다. 마침 아리가 사는 도시에서 축제가 열리고 있어 길거리에는 차량과 행인이 많다. 하지만 아리의 운전에는 영향을 미치지 않는다. 레이저 라이다(LiDAR)와 각 방향에 설치된 센서의 도움으로 운전 시스템은 주변의 모든 사물의 움직임을 파악하고 자동차의 운행 속도와 방향을 정밀하게 조절한다. 자동차가 많아 교통이 복잡한 도로에서도 거침없이 달린다.

병원에서의 스마트 케어

아리는 의사인 친구와 함께 인공지능이 의사들에게 어떻게 도움을 주고 있는지 알아보기 위해 병원에 견학을 갔다. 위중한 환자가 병원에 이송되어 진료를 받고 있었다.

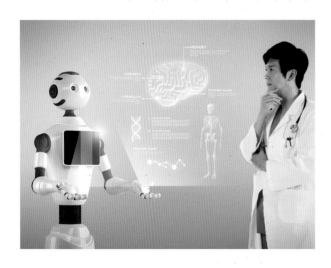

환자의 심장 MRI 영상이 대형 모니터에 보였다. 얼마 전에 업그레이드를 마친 스마트 의료 영상 분석 시스템이 MRI 영상을 분석하여 중요한 사항을 자세하게 표시해 놓았다. 해당 시스템은 의료 영상 식별에 관한 최신 성과를 업데이트해 놓은 시스템으로서 질병으로 인한 수백 가지 서로 다른 생체 변화를 정확히 검사할 수 있다. 이 시스템의 도움으로 의사들은 질병의 원인과 상황을 신속히 파악하고 빠르게 외과적 치료 방안과 보전적(conservative) 치료 방안을 끌어냈다. 이어서 테스트 결과를 근거로 의사들은 외과적 치료 방안을 선택하는 것이 최선책이라는 결론을 내렸다.

영상 촬영에서부터 치료 계획을 확정하는 데까지 몇 시간밖에 걸리지 않았다. 몇 해 전까지만 해도 상상조차 할 수 없는 빠른 진단이었다. 이렇게 복잡한 질병 사례의 경우 스마트 의료 시스템을 도입하기 전에는 각 분야의 의사가 며칠 동안 합동 진료를 하면서 수많은 불확실한 요인들을 하나씩 확인해야 했고, 그나마도 잘못하면 치료 최적기를 놓치는 경우도 있었다. 스마트 기술은 질병 치료의 효율을 크게 높였으며 치료 효과도 크게 개선하였다.

퇴근 후에 즐거운 쇼핑

일을 순조롭게 마치고 난 아리는 마음이 편안했기에, 퇴근 후 아리는 셔츠를 사기 위해 브랜드 전문 매장에 갔다.

오래된 이 브랜드 매장은 이 도시에 있는 다른 브랜드 매장과 마찬가지로 스마트 매장으로 개조되었다. 아리가 매장으로 들어가자, 스마트

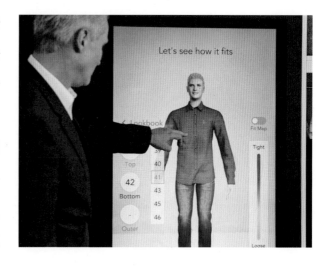

시스템이 아리를 알아보고 바로 디스플레이에 환영 인사말을 띄었다. 매장 내 가지런히 진열해 놓은 옷들 사이마다 스마트 미러(Smart Mirror)가 있었다. 아리가 옷을 들고 스마트 미러 앞에 서면 스마트 미러에는 손에 든 옷을 입은 3D 영상이 나타났다. 형상 인식 및 3D 인체 재구성 기술의 혁신으로 스마트 미러가 합성한 다양한 포즈를 취한 아리의 영상은 매우 실감 나고 자연스럽게 어울렸으며, 실제로 옷을 입어본 것과 차이가 없었다.

아리는 새로 산 옷이 마음에 쏙 들었다. 상점에서 나온 후, 먼저 아빠에게 스마트 미러 영상을 보냈다. 집으로 돌아가는데 아리의 자동차 앞 유리에 표시된 아빠의 문자를 볼 수 있었다. "와우! 이렇게 옷 잘 입은 셀럽은 누구지?"

생각과 토론

아리의 이야기를 들은 후, 인공지능에 대해 구체적인 모습이 그려졌는가요? 인공지능으로 변화한 미래의 생활에 대해 상상을 해 보자!

10년 후 아리의 생활은 우리에게 조금씩 진전하면서 다가오고 있다. 인공지능의 시대적 물결에 힘입어 이 모든 것들은 단계적으로 실현되고 있다.

새로운 스마트 라이프를 누리며 살아가기 위해 인공지능 관련 지식을 학습하자!

1.2 인공지능의 역사와 발전 과정

혜성처럼 등장한 인공지능

1940~50년대부터 수학자와 컴퓨터 엔지니어들은 기계로 지능을 시뮬레이션할 수 있는지 가능성에 대해 논의하기 시작하였다.

1950년 앨런 튜링(Alan Turing)은 자신의 〈계산 기계와 지능(Computing Machinery and Intelligence)〉이라는 논문에서 유명한 튜링 테스트(Turing test)를 제시하였다. 튜링 테스트는 두 개의 밀실 안에 기계와 인간을 두고, 인간 검사원이 그들과 문자로 자유로운 대화를 주고받으면서 인간과 기계를 구분할 수 없으면 대화에 참여한 기계가 테스트를 통과한 것으로 인정하는 실험이다. 비록 튜링 테스트의 과학성이 의심을 받기도 했지만, 지난 수십년간 줄곧 기계의 지능을 측정하는 중요한 기준으로 여겨져왔으며, 인공지능의 발전에 많은 영향을 미쳤다.

[그림 1-1] 앨런 튜링
(1912~1954)

1951년 여름 휴스턴대학 수학과의 24세 연구원 마빈 민스키(Marvin Minsky)가 세계 최초로 신경망 기계 SNARC(Stochastic Neural Analog Reinforcement Calculator)를 개발하였다. 4개의 뉴런(neuron)밖에 없는 작은 신경망 안에서 인류는 처음으로 신경 신호 전달을 모의실험하였다. 이러한 혁신적인 프로젝트는 인공지능의 발전에 중요한 기초가 되었다. 민스키는 인공지능 분야에서의 기초공사와도 같은 일련의 공적을 통해 1969년에 컴퓨터 과학계의 최고상인 튜링상(Turing Award)을 수상하였다.

[그림 1-2] 마빈 민스키
(1927~2016)

1955년 앨런 뉴웰(Allen Newell), 허버트 사이먼(Herbert Simon), 클리프 쇼(cliff shaw) 등이 '논리 이론가(logic theorist)'라는 컴퓨터 프로그램을 개발하여 인간이 문제를 해결하는 기능을 모의실험하였다. 이 프로그램은 대학의 수학 교과서에 수록된 52개의 정리(定理) 중 38개를 성공적으로 증명했으며, 심지어 교과서보다 더 완벽한 증명을 찾아내기도 하였다. 이 프로젝트는 나중에 널리 응용되는 방법인 검색 추론(reasoning)법을 개발해 냈다.

1956년 마빈 민스키(Marvin Lee Minsky), 존 매카시(John McCarthy), 클로드 섀넌(claude shannon), 나다니엘 로체스터(Nathaniel Rochester) 등은 미국 다트머스대학에서 개최된 세미나에서 "학습과 지능의 모든 측면을 정밀하게 설명할 수 있음으로 인간은 기계를 통해 이를 시뮬레이션할 수 있다."라고 제시하였다.

또한, 그 세미나에서 기계를 사용해 인간의 지능을 시뮬레이션하는 새로운 분야에 대해 '인공지능(AI, Artificial Intelligence)'이라는 명칭이 붙여졌다. 이로부터 인공지능 학문이 공식적으로 탄생하였다.

[그림 1-3]
다트머스대학 세미나(인공지능의 탄생)

제1의 물결(1956~1974): 위대한 첫 출항

인공지능의 탄생은 세상을 뒤흔들어 놓았다. 처음으로 기계를 사용해 지능을 만들수 있는 가능성을 보았다. 당시 일부 사람들은 20년 이내에 완전히 지능화된 기계가 탄생할 것이라고 긍정적으로 예측하였다. 비록 오늘날까지 이처럼 완벽한 기계는 볼 수 없지만, 인공지능의 탄생으로 촉발된 열정은 새로운 분야의 발전에 활력을 불어넣었다.

1963년 설립된 미국 고등연구계획국(ARPA)은 매사추세츠공대(MIT)에 200만 달러를 투입해 'Project MAC(The Project on Mathematics and Computation)'이라는 새로운 프로젝트를 계획하였다.

프로젝트가 시작되자, 당시 가장 저명한 인공지능 학자인 민스키와 매카시가 이 프로젝트에 합류해 시각과 언어 이해 등에 관한 일련의 연구를 추진하였다. Project MAC는 초기 컴퓨터 과학과 인공지능 분야의 많은 인재를 양성했으며, 관련 분야의 발전에 큰 영향을 미쳤다. 이 프로젝트가 바로 현재 세계적으로 유명한 MIT 컴퓨터과학 및 인공지능연구소(MIT CSAIL)의 전신이다.

커다란 열정과 투자에 힘입어 이 시기에 일련의 새로운 성과들이 나타났다. MIT의 조셉 와이젠바움(Joseph Weizenbaum) 교수는 1964~1972년에 세계 최초 자연어 대화 프로그램인 ELIZA를 개발하였다. ELIZA는 간단한 패턴 매치와 대화의 규칙을 통해 인간과 대화를 한다. 비록 오늘날의 시각으로 보면 대화 프로그램이 다소 초라해 보이지만 처음으로 공개했을 때에는 세상 사람들을 깜짝 놀라게 하기에 충분하였다. 일본 와세다대학에서도 1967~1972년에 세계 최초로 인간 모습의 로봇을 발명하였다. 이 로봇은 대화를 할 수 있을 뿐만 아니라 시각 시스템의 도움을 받아 실내에서 움직이고 물체도 집을 수 있었다.

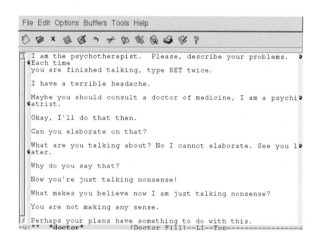

기대가 클수록 실망도 큰 법이다. 인공지능의 탄생은 초기에 많은 성과를 거두었지만, 사회의 비현실적 기대를 충족시키기는 어려웠다. 초창기 과학자들의 낙관적인 예측이 실현되지 못하자 1970년대부터 인공지능에 대한 비판의 목소리가 날로 커졌다. 내부적으로도 폭발적인 성장을 거치면서 여러 가지 문제가 드러나기 시작하였다. 한편으로는 제한적인 처리(processing) 능력으로 급속하게 증가하는 처리 속도의 요구에 부합하지 못해 심각한 모순이 드러났고, 한편으로는 시각과 자연어 이해의 부분에서 거대한 가변성과 모호성의 장벽은 당시의 기술로는 도저히 넘을 수 없었다. 그렇게 대중들의 열정이 식어가고 투자가 대폭 줄어들면서 인공지능은 1970년대 중반에 처음으로 침체기를 겪게 되었다.

제2의 물결(1980~1987): 전문가 시스템의 부흥과 쇠퇴

1980년대에 들어, 전문가 시스템(expert system)과 인공신경망(artificial neural network) 등 새로운 기술의 발전으로 인공지능 물결이 다시 일어났다.

전문가 시스템은 특정 분야의 전문적인 지식을 정리하여 일반인도 해당 분야의 문제를 해결하는 프로그램 시스템이다. 일찍이 1960년대에 '전문가 시스템의 아버지'라고 불리고 있는 에드워드 파이겐바움(Edward Feigenbaum)이 전문가 시스템에 대한 초기 연구를 시작하였다. 1970년대에 스탠퍼드대학의 과학자들은 600개의 수작업으로 편집된 규칙을 기반으로 혈액 감염을 진단할 수 있는 마이신(MYCIN)이라는 시스템을 개발하였다.

1980년 카네기멜런대학은 DEC(Digital Equipment Corporation) 기업을 위해 XCON이라는 전문가 시스템을 개발하였다. DEC사는 이 시스템으로 고객의 요구에 따라 자동으로 컴퓨터 부품을 선택할 수 있었으며, 연간 4,000만 달러를 절감할 수 있었다. 이와 같은 XCON의 커다란 상업적 가치는 인공지능, 특히 전문가 시스템에 대한 산업계의 열정을 크게 자극하였다.

특히 전문가 시스템의 성공은 인공지능의 발전 방향을 서서히 바꿔 놓았다. 과학자들은 지능형 시스템으로 특정 분야의 실제 문제를 해결하는 데 초점을 맞추기 시작했지만, 이 연구는 일반 인공지능(Artificial general intelligence)을 개발하려는 애초 목적과 일치하는 것은 아니었다.

이와 동시에 인공신경망의 연구도 중요한 발전을 이루었다. 1982년

존 홉필드(John hopfield)가 연관 기억(연상 메모리, associative memory) 메커니즘을 도입한 홉필드 네트워크(Hopfield network)라는 새로운 네트워크 형식을 제시하였다. 1986년 데이비드 루멜하트(David Rumelhart), 제프리 힌튼(Geoffrey Hinton), 로널드 윌리엄스(Ronald Williams) 등이 공동으로 〈오류 역전파에 의한 표현 학습, learning representations by back-propagating errors〉을 발표하였다. 그들은 역전파(back propagation) 알고리즘이 신경망의 은닉층(hidden layer)에서 입력된 데이터의 효과적인 표현을 배울 수 있음을 보여 주었다. 이때부터 역전파 알고리즘이 인공신경망 훈련에 널리 사용되기 시작하였다.

[그림 1-4] 제프리 힌튼(1947~)

새로운 인공지능의 물결이 일면서 일본의 경제산업성은 1982년에 제5세대 컴퓨터 개발을 목표로 대형 프로젝트를 기획하였다. 이 프로젝트는 대규모의 병렬 컴퓨터로 슈퍼컴퓨터와 유사한 성능에 도달함으로써 인공지능 발전을 위한 플랫폼을 제공하고자 하였다. 하지만 10년의 연구 개발 기간과 500억 엔(한화 약 5,000억 원)의 비용을 투자했음에도 이 프로젝트는 기대했던 목표를 이루지 못하였다.

1980년대 후반에 이르러 전문가 시스템에 대한 산업계의 막대한 투자와 높은 기대에 부정적인 효과가 나타나기 시작하였다. 사람들은 이러한 유형의 시스템을 개발하고 유지하는 데 많은 비용이 들어가지만 상업적 가치는 제한적이라는 것을 알게 되었다. 이러한 실망감으로 인해 인공지능에 대한 투자는 획기적으로 줄어들었고, 인공지능의 발전은 다시 혹한기를 맞이하였다.

제3의 물결(2011~ 현재) : 다시 찬란한 영광을 창조하다

1990년대에 이르러 인공지능은 탄생한 지 40년이 되었다. 초창기 세상을 삼킬 듯한 기세는 한풀 꺾였지만 점점 더 강인해졌다. 과학자들은 비현실적인 목표를 버리고 실질적인 문제를 해결할 수 있는 지능형 기술에 집중하였다.

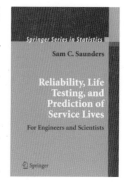

이 시기 인공지능을 연구한 학자들은 다른 학문의 수학적 도구(Mathematical tools)들을 도입하였다. 예를 들면 고등 대수학, 확률 통계와 최적화 이론 등이 있다. 이런 시도들은 인공지능에 튼튼한 수학적 기초를 마련해 주었다. 수학적 언어가 널리 응용되면서 인공지능이 다른 학문과 교류하고 협력할 수 있는 통로가 열렸을 뿐만 아니라 인공지능 분야의 성과에 대해서도 엄밀한 테스트를 할 수 있게 되었다. 이에 수많은 수학적 모델과 알고리즘이 개발되고 발전되었다. 예를 들면 통계적 학습 이론(statistical learning theory), 서포트 벡터 머신(Support Vector Machine, SVM), 확률적 그래픽 모델(Probabilistic Graphical Model, PGM) 등이 있다. 이렇게 새로 개발된 지능형 알고리즘들은 점차 안전 감시, 음성 인식, 웹사이트 검색, 온라인 쇼핑 추천, 자동화된 거래 플랫폼 등 실제 문제의 해결에 응용되었다.

수많은 수학적 모델과 알고리즘이 실제 상황에 성공적으로 응용되면서 인공지능의 부흥을 다시 기대하게 되었다.

21세기에 접어들어 세계화의 가속화와 인터넷의 커다란 발전으로 디지털 데이터가 폭발적인 증가세를 보였고, 인류는 빅데이터 시대에 진입하였다. 이와 동시에 컴퓨터 칩(chip)의 계산 능력도 고속 성장을 지

속하고 있다. 첫번째 Tensor 코어 그래픽 프로세서인 NVDIA Tesla V100의 계산 능력은 초당 10조 회 부동소수점 연산을 돌파하였으며, 기술적 요구 사항이 높은 작업을 위한 인공지능 슈퍼컴퓨터에 활용된다.

　　데이터와 처리 능력의 기하급수적인 성장으로 인공지능 알고리즘도 중대한 성과를 이룩하였다. 2012년 이미지 인식 알고리즘 국제경연대회 ILSVRC(이미지넷 챌린지)에서 토론토대학이 개발한 Alex Net이라는 다층 퍼셉트론(Multi-Layer Perceptron, MLP)이 기존 알고리즘을 이용한 준우승 상대를 압도적으로 제치고 우승을 차지하였다. 경연대회에서 얻은 성과는 인공지능 학계를 뒤흔들어 놓았고, 이때부터 다층 퍼셉트론(다층 신경망)을 기반으로 하는 딥러닝은 널리 사용되면서 음성 인식, 이미지 분석, 동영상 이해(Video Understanding) 등 여러 분야에 적용되었다. 2016년 구글(google)이 딥러닝으로 훈련한 알파고 프로그램이 세계의 주목을 받으며 세계 최강자였던 이세돌 프로 기사를 4대1로 물리쳤고, 알파고의 업그레이드 버전은 2017년 당시 세계 1위였던 중국의 커제 프로 기사에 완승하였다.

이러한 놀라운 성과는 인공지능에 대한 열정에 다시 한번 불을 지폈다. 세계 각국 정부와 기업들은 일제히 인공지능을 미래 발전 전략의 중요한 부분으로 다루기 시작하였다. 이로써 인공지능의 발전은 세 번째 열풍을 맞이하게 되었다.

1.3 인공지능 응용 사례

최근 들어 인공지능 기술은 이미 각 분야에서 널리 응용되고 있으며, 선순환되어 또다시 인공지능 기술의 발전에 새로운 동력을 불어넣고 있다. 아래 내용에서 해당 사례들을 살펴보자!

안전 보호

도시화의 신속한 진행과 사회 경제의 고속 발전에 따라 안전 문제가 점차 우리 사회의 공통 관심사가 되었다. 안전한 도시 건설에서 거주 지역 보호에 이르기까지, 공공장소에 대한 감시와 개인 전자 장비의 보호에 이르기까지 효율적이고 신뢰할 수 있는 안전 시스템을 필요로 한다.

최근에는 인공지능 기술이 안전 보호 분야에 널리 사용되고 있다.

범죄 발생 위험 알림

　　많은 도시에서는 안전한 도시 건설을 가속화하고 공공 안전 감시 카메라 시스템을 적극적으로 설치하여 도시의 주요 도로와 중심 지역을 감시 카메라 안전망으로 보호하고 있다. 그러나 경찰이 동영상을 돌려보는 방법으로 중요한 장면을 찾아내던 전통적 방식은 수없이 많은 감시 카메라 영상 앞에서 비현실적인 방법으로 전락했다. 이에 따라 인공지능으로 동영상을 분석하는 기술이 도입되었다. 이런 지능형 영상 분석 시스템은 경찰을 대신해 여러 가지 일을 수행할 수 있다.

· 실시간으로 영상 속에서 행인과 차량을 찾아내기.
· 영상 속의 이상 행동(취객 혹은 역행하는 자동차 등)을 자동으로 찾아내어
　위치 정보를 포함한 경고 메시지를 제때 발송하기.
· 행인들의 밀집도와 이동 방향을 자동으로 판단하고, 미리 과도한 밀집도로 인해
　발생할 수 있는 위험을 발견하여 행인의 이동 동선을 유도하고 관리하기.

　　이러한 기술은 도시 관리 인원들의 작업을 크게 줄여 주고 시민들을 위해 더 효과적인 서비스를 제공한다.

의료 분야

모든 사람은 건강한 신체를 유지할 수 있기를 바라고, 아프면 신속히 의사의 도움을 받아 질병의 고통에서 벗어나기를 바란다. 비록 수십 년의 발전을 거쳐 의료 환경이 과거에 비해 크게 발전했지만, 경험이 풍부한 의사는 여전히 부족한 실정이다.

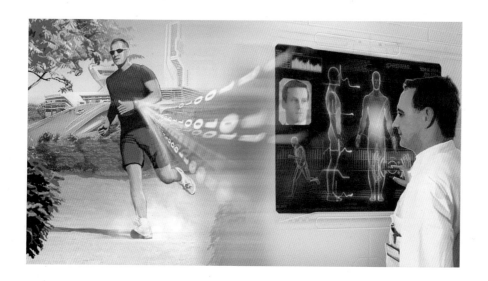

의료 분야에서 인공지능의 응용은 의료 문제 해결을 위한 새로운 아이디어를 제공하였다. 현재 세계 각국의 연구 단체에서는 의료 영상 자동 분석 기술 연구에 투자를 아끼지 않고 있다. 이 기술은 의료 영상 속의 중요한 부위들을 자동으로 찾아내어 비교 분석할 수 있으며, 의사의 진단에 중요한 정보를 제공하고 오진과 필요한 검사의 누락을 크게 줄여줄 수 있다. 또한, 일부 새로운 기술들은 환자의 의료 영상을 3차원으로 재구성하여 수술 계획을 수립해 의사가 더욱 정확하게 수술할 수 있도록 도움을 준다.

지능형 의료 기술의 발전과 함께 인공지능은 의사들에게 더 직접적이고 정확한 진단과 컨설팅을 제공할 뿐만 아니라, 나아가 모든 개인에게 건강 컨설팅과 질병 예측 서비스를 제공함으로써 인류가 더 건강하게 생활할 수 있도록 도와준다.

지능형 고객 서비스

인터넷과 전자상거래의 발전에 따라 고객과 판매 기업 간의 교류도 점점 더 다양해지고 직접적으로 이루어지고 있다. 예를 들면 고객이 상품의 사용법이나 고장 등에 대한 서비스를 받기 위해 전화나 인터넷 채팅 도구로 판매 기업에 직접 문의할 수 있다. 따라서 고객과의 빈번한 소통을 어떻게 효율적으로 처리하느냐가 인터넷 시대의 경쟁력을 유지하는 열쇠가 되었다.

이처럼 새로운 문제를 해결하기 위해 많은 기업은 인공지능 기술을 활용해 지능형 고객 서비스 시스템을 개발하였다. 지능형 고객 서비스는 전문가처럼 고객의 질문을 알아듣고 의미를 분석함으로써 상황에 맞는 정확한 대답을 제공하여 고객이 만족한다. 기업에 있어서 지능형 고객 서비스는 고객 문의 사항 해결의 효율을 높일 수 있을 뿐만 아니라 고객들의 요구와 문제를 통계 분석함으로써 기업의 미래 사업 결정에 도움이 되는 데이터를 수집할 수 있다.

현재 지능형 고객 서비스는 전자상거래를 비롯한 금융·통신·유통·여행 등 여러 업종에서 응용되고 있다.

자율주행

현대 사회에서 자동차로 출근하거나 외출하는 것은 매우 일상적인 활동이다. 과학기술의 발전과 더불어 인류는 자동차 운전을 인공지능에 의한 자율주행으로 대체하려 시작하였다.

[그림 1-5] 자율주행

- 2004년 미국 국방부 산하 고등연구계획국(DARPA)은 모하비사막에서 무인자동차 경주대회를 열었다. 15명의 참가자 중 한 명도 자율주행 상태로 142마일의 목표 거리를 완주하지 못하였다. 하지만 경주대회 참가자들이 사용한 모델은 현재 사용 중인 자율주행의 원형 모델이 되었다.
- 2010년 구글은 자율주행 자동차를 개발 중이라고 발표하였으며, 1년 후 모하비사막에서 테스트를 진행하였다. 2012년 구글의 자율주행 자동차는 30만 마일을 주행하였으며, 한 번의 사고도 없었다.
- 2014년 바이두와 BMW는 자율주행 연구를 시작한다고 발표하였다.

현재 많은 기업이 자율주행 기술의 연구 개발에 뛰어들었다. 이 자율주행 자동차는 카메라, 레이저 라이다(LiDAR), 위성 위치 확인 시스템(Global Positioning System, GPS) 등 여러 종류의 센서를 사용해 실시간으로 주변 환경을 탐지한다. 지능형 자율주행 시스템은 각 센서의 데이터를 종합적으로 분석하여 지도, 지시와 표지(신호등, 교통표지판) 정보를 활용하여 실시간으로 주행 노선을 계획하고 자동차를 제어하여 스스로 운행한다.

제조 산업

현재 각종 제품은 빠른 세대 교체와 맞춤형 제품에 대한 수요가 늘어남에 따라 제조 산업 시스템은 예전과 달리 똑똑해져야 하며, 인공지능이 제조 산업 시스템을 향상하는 강력한 도구가 되고 있다.

예를 들면 품질 검사는 제조업에서 매우 중요한 과정이다. 품질 기준에 미달한 제품이 시장에 유통되면 소비자가 불만을 제기할 뿐만 아니라, 심각한 안전사고로 이어질 수 있다. 따라서 기존의 제품 생산은 과정마다 많은 검사 인원을 배치하여 품질 검사를 해왔다. 사람이 하는 검사는 문제를 놓치거나 실수가 있을 뿐만 아니라, 쉽게 피곤을 느끼고 상해를 입을 수 있다. 그 때문에 많은 제조 기업에서 인공지능을 이용한 시각적 도구를 개발하여 각종 문제를 검사하고 있다.

2011년 하노버산업박람회(Hannover Messe)에서 독일은 인더스트리 4.0(Industry 4.0) 정책을 제시하였다. 이 정책의 핵심은 산업 환경에 대량의 센서를 배치하여 다량의 데이터를 수집하여 인공지능을 사용해 분석함으로써 가치 있는 정보를 생성하는 것이다.

글로벌 혁신 기업인 지멘스(Siemens)와 제너럴일렉트릭(GE) 등은 인공지능 시스템을 개발하여 생산 단계의 위험을 예측하고 방지할 뿐아니라 원자재 낭비와 에너지 소비를 줄여 생산 효율성을 높이고 있다.

1.4 인공지능과 머신러닝

인공지능이란 무엇인가

인공지능의 정의에 대해서는 여러 가지 설명이 있을 수 있다. 여기서 우리는 가장 널리 사용되고 있는 정의를 설명한다.

인공지능은 인간의 인지 능력을 기계로 모의실험(simulation)하는 기술이다.

인공지능이 다루는 범위는 아주 넓다. 감지, 학습, 추론, 결정 등의 능력이 포함된다. 실제 응용 관점에서 본다면 인공지능의 가장 핵심적인 능력은 입력된 데이터를 근거로 판단과 예측을 하는 것이다. 예를 들면 아래와 같다.

• 얼굴 인식을 할 때 입력된 사진을 근거로 사진 속 사람이 누구인지 판단하는 것

• 음성 인식을 할 때 사람이 말하는 음성 신호를 근거로 말의 내용을 판단하는 것

• 의료 진단을 할 때 입력된 의료 영상을 근거로 질병의 원인과 치료 방안을 판단하는 것

• 전자상거래 사이트에서 사용자의 과거 구매 기록을 근거로 사용자가 어떤 상품에 관심을 갖고 있는지 예측하고 해당 제품을 추천하는 것

• 금융업에서 주식의 과거 가격과 거래 정보를 근거로 미래 가격 추세를 예측하는 것

• 바둑 대국에서 국면을 근거로 무작위로 수를 둘 때 승률을 예측하는 것

생각과 토론

일상생활에서 경험한 인공지능은 어떤 입력을 근거로 예측과 판단을 하는 것인가?

인공지능은 어떻게 스스로 판단과 예측을 하는가? 사실 이는 새로운 것이 아니며 그중 일부는 간단한 규칙으로도 실현할 수 있다. 예를 들면 일상생활에서 자주 볼 수 있는 체온계로도 매우 간단한 지능형 시스템을 만들 수 있다. 이 지능형 시스템은 수은이나 기타 온도에 민감한 물질에서 얻은 체온 수치와 '37.5도 초과 여부'와 같은 간단한 규칙을 근거로 측정 대상이 열이 나는지 판단할 수 있다.

1980년대에 등장한 전문가 시스템은 바로 인위적으로 정의한 규칙으로 특정 문제를 해답하는 원리였다. 그러나 인위적으로 규칙을 정의하는 데에는 많은 한계가 있었다. 복잡한 응용 상황에서 완벽한 규칙 시스템을 세우는 것은 비용과 시간이 많이 드는 과정이며, 또한 음성 인식이나 이미지 인식과 같은 자연적 인지 응용에서는 인위적으로 규칙을 정의하기가 어려웠다. 그 때문에 현재의 인공지능은 학습(learning)으로 예측 및 판단을 할 수 있다. 이 방법을 머신러닝(Machine Learning)이라고 하며 인공지능의 대세가 되었다.

데이터를 사용해 학습하기

머신러닝의 방법은 일반적으로 이미 알려진 데이터(data)에 담긴 규칙이나 판단 규칙을 학습하는 것이다. 하지만 이미 알려진 데이터는 학습 자료로 사용되며, 학습의 주요 목적은 학습된 규칙을 미래의 새로운 데이터에 적용하고 판단하고 예측하는 등 일반화(generalize)하는 것이다.

머신러닝은 여러 가지 방법이 있는데, 자주 쓰는 머신러닝 방법은 지도학습(supervised learning)이다. 예를 하나 들어보자. 한 가지 공식을 도출하여 보석 가격을 예측하고자 한다. 여기서 보석의 가격은 주로 무게와 등급에 따라 결정된다. 지도학습의 방법을 사용하여 가격 예측 공식을 얻기 위해서는 [표 1-1]과 같은 일련의 보석 가격 데이터를 먼저 수집해야 한다.

[표 1-1] 보석 가격

무게	등급	가격(만원)
3	2	139
4	1	119
2	3	158

이제 [표 1-1]을 근거로 가격 예측에 사용할 수 있는 공식을 학습하도록 하자. 도표 중 각 가로줄을 샘플(sample)이라 할 때 각 샘플은 예측에 사용되는 입력 데이터(무게, 등급)와 예측량(가격)의 실제값으로 분류된다.

[표 1-1]을 사용해 서로 다른 예측 공식으로 테스트를 해보고, 각 샘플에 대한 예측값과 실제값과의 차이를 피드백 받는다. 머신러닝으로 학습하는 예측 공식을 피드백 받아 조정을 계속한다. 이런 학습 과정 중 예측량(가격)의 실제값은 피드백 과정에서 학습 과정을 지도한다. 이러한 학습 방법을 지도학습이라고 한다. 실제 응용에서 지도학습은 매우 효율적인 학습 방법이다.

지도학습의 구체적인 방법은 다음 장에서 설명하도록 한다.

지도학습은 샘플마다 레이블(label, 예측량의 실제값)을 요구하는데, 이는 일부 응용 상황에서는 구현하기 어렵다. 예를 들면 의료 진단의 응용에서 지도학습으로 진단 모델을 얻으려면 전문 의사를 불러 대량의 병증에 대한 의료 영상 자료를 정확하게 표시하는 등 인력이 많이 필요하다. 이런 어려움을 해결하고자 인공지능 연구자는 레이블을 제공하지 않은 조건에서도 학습이 가능한 여러 가지 다른 인공지능 학습 방법을 모색했다. 이런 방법을 비지도학습(Unsupervised Learning)이라고 한다. 비지도학습은 지도학습보다 훨씬 어렵다. 그러나 실제 응용에서 레이블을 얻기 어려운 상황을 극복할 수 있음으로 인공지능 발전의 중요한 연구 방향이 되어 왔다.

최근 들어 준지도학습이라는 또 다른 학습 방법이 주목받고 있다. 준지도학습(semi-supervised learning)은 지도학습과 비지도학습의 사이에 있는 개념으로 일부 샘플에만 레이블을 제공하는 방식이다. 이 방법은 주어진 일부 레이블을 효과적으로 이용함으로써 가끔씩 비지도학습보다 더 좋은 결과를 얻을 수 있으며, 레이블 획득에 드는 비용을 가능한 범위 내에서 조정할 수 있는 장점이 있다.

행동 중에 학습하기

머신러닝의 실제 응용에서 다양한 문제를 만난다. 예를 들면 바둑이나 주식 거래, 상업적 의사 결정을 하는 상황에서 주목하는 것은 판단의 정확성이 아니라 행동 과정이 가져다 줄 수 있는 최대 보상이다. 이런 문제를 해결하기 위해 강화학습(Reinforcement Learning)이라는 새로운 방식이 제기되었다.

강화학습의 목표는 하나의 정책(policy)을 획득하여 행동을 지도하는 것이다. 예를 들면 바둑 대국에서 정책은 국면에 따라 어디에 수를 둘지 지도하고, 주식 거래에서 정책은 언제 매입하고 언제 매도하는지 지도한다. 지도학습과 다르게 강화학습은 입력과 예측 등이 포함되는 샘플이 필요 없으며 행동 중에 학습을 한다.

강화학습의 모델은 일반적으로 아래와 같은 몇 개 부분이 필요하다.

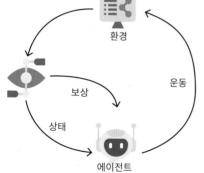

- 동적 상태(dynamic state) : 예를 들면 바둑판의 흑돌과 백돌의 분포 위치, 주식시장 내 각 주식의 가격 등이다.

- 선택이 가능한 행동(action) : 예를 들면 바둑에서 수를 둘 수 있는 위치, 주식 매매에서 각 시점(時點)과 매입 혹은 매도할 수 있는 주식 및 수량 등이다.

- 에이전트(agent)와 상호 작용할 수 있는 환경(environment) : 해당 환경은 행동 후에 상태가 어떻게 변화하는지를 결정한다. 예를 들면 바둑 대국에서의 상대 선수 또는 주식시장 등이다. 강화학습에서 학습에 대한 보상을 낮추기 위해 일반적으로 실제 상황이 아닌 시뮬레이션 환경을 사용한다.

• 보상(reward) 규칙: 에이전트가 행동을 통해 상태 변화를 일으킬 때 보상이나 처벌(마이너스 보상)을 받는다.

강화학습은 초기의 정책부터 시작하며 일반적으로 초기의 정책은 그렇게 이상적이지 않다. 학습 과정에서 에이전트는 행동과 환경을 통해 상호 작용을 하고 끊임없이 피드백(보상 혹은 처벌)을 받으면서 정책을 조정하고 보완한다. 이는 매우 강력한 학습 방법으로, 끊임없는 강화학습은 심지어 인간보다 더 우수한 정책 메커니즘을 만들어 낼 수도 있다.

2016년 이세돌 프로 기사를 꺾은 알파고의 놀라운 바둑 실력은 강화학습을 통해 훈련한 것이다.

1.5 이 장의 요약

인공지능은 기계를 통해 인간의 인지 능력을 어떻게 시뮬레이션할 수 있는지 연구하는 학문이다. 인공적으로 정의하거나 데이터와 행동을 통해 학습하는 방식으로 예측과 의사결정 능력을 얻을 수 있다. 지난 수십 년간의 노력으로 인공지능은 발전을 이루고 있으며, 다양한 분야에서 성공적으로 응용되고 있다.

인공지능이라는 이 새로운 과학기술의 물결은 세상을 크게 바꾸고 있으며 생활에 많은 영향력을 미치고 있다. 그러나 이는 단지 시작에 불과하다. 생산, 생활, 교류, 오락 등 여러 분야에서 여전히 인공지능을 사용해 발전할 수 있는 분야가 많이 남아 있다. 인공지능의 발전은 흥미진진한 미래를 보여 주고 있다. 이처럼 흥미로운 새 시대는 우리가 함께 만들어 가야 할 시대이다.

제2장 차이점 관찰로 분류 시작하기

아리는 산책하러 나갔다가 꽃밭에 흠뻑 매료되었다.

아름다운 들꽃들이 눈부시게 펼쳐져 있었다.

아리는 걸음을 멈추고 아빠에게 물었다.

"아빠, 이건 무슨 꽃이에요?"

"아이리스라는 꽃이란다."

세심한 아리는 한쪽 구석에 피어난 몇 송이의 꽃들은

모양이 조금 다르다는 것을 발견하였다.

"이 꽃도 아이리스 맞나요?"

"이것은 품종이 다른 아이리스야. 꽃잎 크기가 다르지.

손으로 크기를 비교해 보고 기록해 둬…"

아빠의 말이 끝나기도 바쁘게 아리는 먼 곳을 가리키며

뛰어갔다.

"아빠! 우리 저쪽에도 가 봐요!"

　　우리가 사진 한 장을 보게 되면 그 안에 어떤 동물이 있는지, 고양이
인지 개인지 알 수 있다. 노래를 듣게 되면 클래식인지 팝송인지 구분
할 수 있다. 동영상을 보면 그 안에 있는 배우들이 춤을 추는지 달리기
를 하는지 알 수 있다. 일상생활 속에서 우리는 사물의 유형을 판단한
다. 이러한 과정을 인공지능 분야에서는 분류(分類, classification)라고 한다.

2.1 분류 작업 시작하기

　　인공지능 시스템이 처리하는 것은 이미지, 소리, 문자, 동영상 등의
각종 데이터이다. [그림 2-1]은 많이 사용하는 데이터의 종류와 이와
관련된 응용 사례 보여 주고 있다. 데이터(data)는 정보의 매개체(carrier)
이다. 분류(classification)란 주어진 데이터의 서로 다른 특성을 근거로 어

느 종류에 속하는지 판단하는 것을 말한다.

이번 장에서 간단한 분류 작업으로 아이리스(Iris)의 두 가지 품종에 대해 분류하는 법을 배운다. 아이리스는 꽃과 잎이 아름답고 화려해서 사람들의 마음과 눈을 모두 즐겁게 해준다. 전 세계에는 대략 300여 종의 아이리스 품종이 있는데, 주변에서 볼 수 있는 품종은 아이리스 버시컬러(Iris versicolor)와 아이리스 세토사(Iris setosa, 부채붓꽃) 등이 있다. [그림 2-2]에서처럼 두 품종은 형태와 색깔이 비슷한 꽃잎과 꽃받침 조각이 있다. 일반적으로 아이리스 버시컬러의 꽃잎이 조금 더 크고 아이리스 세토사의 꽃잎이 조금 더 작다.

지금부터 아이리스를 분류하는 사례로 분류 작업의 기본적 개념과 흐름을 파악해 보자.

데이터 유형	관련 이미지	관련 응용 사례
이미지(사진, 그림) 자세한 내용은 제3장 참조		• 이미지를 기반으로 한 얼굴 인식, 사물 분류, 상황 이해 • 이미지 처리, 예술 스타일 변환, 새로운 이미지 생성
소리(말소리, 음악) 자세한 내용은 제4장 참조		• 음성 인식, 기계 간 대화, 대화에 대한 이해 • 음악과 노래를 알아 듣기, 작곡하기
동영상(영화, 드라마) 자세한 내용은 제5장 참조		• 동영상 분류, 상황 이해, 검색하기 • 동영상 주제 요약, 새로운 동영상 생성
문자 자세한 내용은 제7장 참조		• 문서·텍스트 클러스터링(Clustering) 글에 대한 이해 • 새로운 텍스트 자동 생성
기타 데이터 유형 자세한 내용은 제9장 참조		• 바둑 기보(棋譜) 데이터를 알파고에서 학습하기 • 유전자(염기, 서열) 분석 데이터로 질병 예측 및 진단을 돕기

[그림 2-1] 많이 사용하는 데이터 종류와 응용 사례

아이리스 버시컬러   아이리스 세토사

[그림 2-2]
아이리스 버시컬러와
아이리스 세토사

사람처럼 버시컬러와 세토사를 구분할 수 있는 간단한 인공지능 시스템을 만들고자 한다. 이처럼 분류 작업을 완성할 수 있는 인공지능 시스템을 분류기(classifier)라고 한다. [그림 2-3]은 시스템의 전체적인 흐름을 보여 주고 있다. 아이리스 한 송이가 보이면 그 특징을 추출하고 해당 특징을 훈련이 잘된 분류기에 입력한다. 그러면 분류기는 특징에 따라 예측하고 아이리스의 품종을 출력한다.

다음 절에서 이 시스템을 명확하게 만들어 보자.

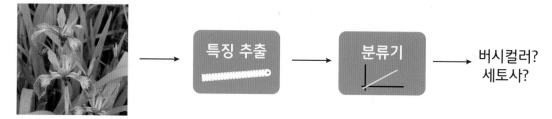

[그림 2-3] 아이리스 품종을 구분하는 인공지능 시스템

2.2 특징 추출

우리는 사물이 갖고 있는 특징으로 대상을 구분한다. 예를 들면 아이리스의 품종을 구분할 때 근거로 하는 것은 아이리스의 꽃잎 크기이다. 이처럼 사물의 어느 한 방면의 특징을 형상화한 숫자나 속성을 특징(feature)이라고 한다. 아이리스의 분류 중 인공지능이 사용할 수 있는 특징을 어떻게 얻을 수 있을까? 꽃잎의 길이와 너비를 아이리스의 특징으로 결정해서 테스트하면, 분류기는 아이리스의 품종을 효과적으로 분류한다. 특징을 추출할 때 [그림 2-4]에서 볼 수 있듯이 직접 자로 재는 방법을 사용하면 된다. 이는 사람들이 일상에서 꽃잎 크기로 아이리스 품종을 구분하는 방법과도 일치한다.

[그림 2-4] 아이리스의 서로 다른 특징 추출하기

특징은 분류기만이 아니라 모든 인공지능 시스템에서 중요한 개념이다. 서로 같은 사물에서도 여러 가지 특징을 추출할 수 있다. [그림 2-4]에서 볼 수 있듯이 아이리스의 높이와 꽃잎 색상을 특징으로 할 수도 있다. 그러나 아이리스의 높이는 품종과 직접 연결되는 특징이 아니다. 아이리스의 높이는 성장 단계에 따라 다를 수도 있으며, 품종이 다른 아이리스일지라도 꽃잎 색상은 같을 수 있다. 따라서 아이리스의 높이와 색상으로는 품종을 효과적으로 구분하기 어렵다. 여기에서 알 수 있듯이 각각의 특징은 분류기의 정확한 분류에 영향을 준다.

그렇기 때문에 사물과 데이터 자체가 갖는 특징을 찾아야 할 뿐만 아니라 서로 다른 종류의 차이도 생각해야 하고, 이런 것을 바탕으로 특징을 효과적으로 추출해야 한다. 이는 간단한 일이 아니다. 사물의 특징과 상호 간의 차이를 정확히 파악해야 한다. 분류기의 분류 효과에 대한 좋고 나쁨은 추출한 특징에 의해 대부분 결정된다.

위의 예에서 사용한 꽃잎의 길이나 너비는 비교적 간단한 특징이다. 다양한 유형의 데이터에 대하여 일반적으로 사용되는 몇 가지 인공지능의 특징 추출 방법으로는 이미지 특징 추출을 위해 방향 기울기 히스토그램(HOG)을 사용하며, 음성의 특징 추출은 멜 주파수 켑스트럴 계수(MFCC)를 사용하였다. 동영상의 특징 추출의 경우 광학 흐름 히스토그램(HOF)이 있고, 텍스트 특징 추출에는 단어 빈도와 역문서 빈도 등을 사용한다.

특징 벡터

우리는 실제 측정을 통해 아이리스의 특징인 꽃잎의 길이와 너비를 얻었다. 그렇다면 이를 수학적으로 어떻게 나타낼 것인가? x_1로 꽃잎의 길이를 표시하고, x_2로 꽃잎의 너비를 표시하도록 하자. 편리하게 사용하기 위해 이 두 숫자를 함께 괄호 안에 넣어서 (x_1, x_2)로 표시한다. 이런 형식의 데이터 조합을 수학에서는 벡터(vector)라고 한다.

심화학습: 벡터와 벡터 연산

수학에서 벡터는 여러 숫자가 순서대로 나열된 것이다.

예를 들면 (1, 3, 5)이다. 이 중에서 숫자의 갯수를 벡터 차원(dimension)이라고 한다. 예를 들면 (1, 3, 5)의 차원은 3이다. 이것을 3차원 벡터라고 한다.

차원수 3
| 1 | 3 | 5 | —표시 방법→ (1, 3, 5)

벡터는 간단한 연산을 할 수 있다.

덧셈 뺄셈: 차원이 같은 두 벡터를 서로 더하거나 뺄 때는 각각 대응하는 숫자를 더하거나 뺀다.

$$(1, 3, 5) + (2, 4, 6) = (1+2, 3+4, 5+6) = (3, 7, 11)$$

$$(1, 3, 5) - (2, 4, 6) = (1-2, 3-4, 5-6) = (-1, -1, -1)$$

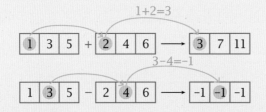

수의 곱셈: 한 숫자를 벡터와 곱할 때는 그 수를 벡터의 모든 숫자와 곱한다.

$$5 \times (1, 3, 5) = (5 \times 1, 5 \times 3, 5 \times 5) = (5, 15, 25)$$

내적(inner product): 차원 수가 같은 두 벡터를 내적하는 것은 대응하는 각 숫자를 서로 곱한 다음 그 합을 구하는 것이다.

$$(1, 3) \cdot (2, 4) = 1 \times 2 + 3 \times 4 = 14$$

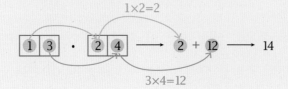

벡터라는 수학적 도구가 있으면 사물을 설명하는 특징적인 수치를 모두 조합한 특징 벡터(feature vector)를 만들어 사물을 더욱 완벽하게 설명할 수 있다. 일반적으로 n차원의 특징 벡터는 $x = (x_1, x_2, \cdots, x_n)$로 표시할 수 있다. 예를 들면 아이리스의 꽃잎을 측정하여 길이가 1.1㎝, 너비가 0.1㎝임을 알았다면 해당 아이리스의 특징은 (1.1, 0.1)로 표시한다.

특징점과 특징 공간

특징 벡터를 사용하면 직각 좌표계에서 특징 벡터를 표시할 수 있다. 예를 들면 (1.1, 0.1)은 직각 좌표계 위에 있는 한 점으로 볼 수 있다.

[그림 2-5]는 아이리스의 특징 벡터를 직각 좌표계에 그려 놓은 것이다. 좌표계 위에 있는 각 점은 각 아이리스의 특징을 의미하며, 이런 특징 벡터를 나타내는 점을 특징점(feature point)이라고 한다.

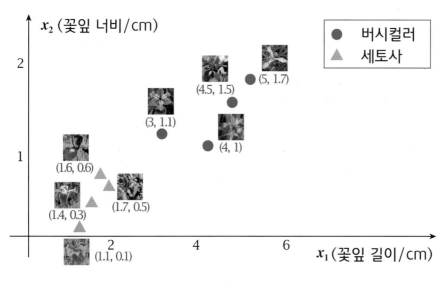

[그림 2-5]
직각 좌표계에 표시한 특징 벡터

[그림 2-5]에 나타낸 공간에서 특징과 특징 사이의 평면 거리를 사용하여 아이리스 사이의 유사성을 측정할 수 있다. 일반적으로 차원 수가 얼마이든, 그 특징 공간에 대해 특징점 사이의 거리(distance)로써 사물 사이의 유사성을 측정할 수 있다. 고차원 특징 공간의 거리 계산 공식은 2차원과 유사하다. 예를 들면 3차원 공간에서 두 개의 점이 각각 (x_1, x_2, x_3)과 (z_1, z_2, z_3)라면 이 두 점 사이의 거리인 d는 아래 공식으로 계산된다.

$$d = \sqrt{(x_1 - z_1)^2 + (x_2 - z_2)^2 + (x_3 - x_3)^2}$$

2.3 품종 분류기(Classifier)

분류기는 특징 벡터에서 범주 예측까지의 함수를 일컫는다. 아이리스의 분류 문제에 돌아가서 살펴보자. +1과 −1의 두 가지 값을 사용하여 각각 아이리스 버시 컬러와 아이리스 세토사의 범주를 나타내고, 이를 y로 표시하면 y는 +1과 −1의 두 가지 값을 가질 수 있다. 앞에서 아이리스의 특징을 추출하여 특징 벡터로 표시하였으며, 이 특징 벡터들을 특징 공간에 그려 놓았다. [그림 2-6]에서 아이리스의 품종 분류의 문제가 특징 공간에서 특징점들을 구분하는 문제로 변하였다. 즉 한 직선을 분류선으로 삼은 다음 좌표 평면에 있는 두 종류의 점을 이 직선으로 구분해 놓는 문제가 되는 것이다.

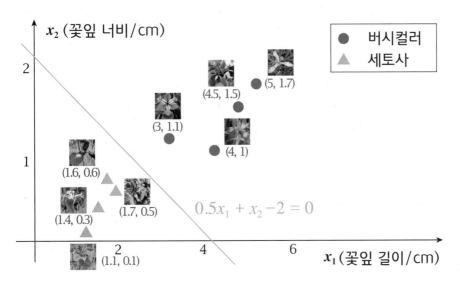

[그림 2-6]
직선을 하나 그어서 버시컬러와 세토사를 구분한다.

[그림 2-6]에서처럼 직선 $0.5\,x_1 + x_2 - 2 = 0$을 그어서 좌표 평면을 두 개의 영역으로 나눌 수 있다. 만약 직선의 우측 상단 영역에 놓이는 특징점 출력 +1이 버시컬러를 나타낸다면, 직선의 좌측 하단에 놓이는 특징점 출력 −1은 세토사를 나타낸다. 이런 규칙을 적용하면 아이리스 품종을 정확히 분류하는 분류기를 얻을 수 있다. 이 규칙이 대표하는 분류기는 다음의 함수로 표시할 수 있다.

$$g(x_1,\,x_2) = \begin{cases} +1, & 0.5\,x_1 + x_2 - 2 \geq 0 \\ -1, & 0.5\,x_1 + x_2 - 2 < 0 \end{cases}$$

여기서 $0.5\,x_1 + x_2 - 2$는 [그림 2-6] 좌표 평면 안의 직선이다. 이를 $f(x_1,\,x_2)$으로 기록한다. $f(x_1,\,x_2) \geq 0$이면 특징점 $(x_1,\,x_2)$가 직선의 오른쪽 상단 영역에 있으며, 반대의 경우에는 직선의 왼쪽 하단 영역에 있음을 의미한다.

$f(x)$는 분류 함수 $g(x)$의 핵심이다. $f(x)$의 차이는 [그림 2-6]에서 서로 다른 직선을 그어서 서로 다른 종류로 분류하는 것을 의미한다.

53

함수 $f(x)$의 형식은 매우 다양하다. $f(x_1, x_2, \cdots, x_n) = a_1x_1 + a_2x_2, + \cdots + a_nx_n + b$와 가은 형식의 분류기를 선형분류기(linear classifier)라고 하며, 여기서 n은 특징 벡터 차원 수이다. $a_1, a_2, \cdots, a_n, b$는 함수의 계수(係數)이고 분류기의 파라미터(parameter)이다. 앞에 나온 예시에서 0.5, 1, −2가 바로 분류기의 파라미터 값이다.

[그림 2-7]
분류기는 특징 벡터에서 범주 예측까지의 함수이다

아이리스 품종을 구분하는 간단한 예시에서 직선을 그어서 두 종류의 점을 구분할 수 있다. 실제 상황에서는 특징 공간에서 특징점의 분포는 매우 복잡하여 직선을 그려 구분하는 것은 거의 불가능하며 비효율적이다. 따라서 분류기가 분류선을 얻기 위해서는 스스로 학습이 가능한 몇 가지 방법이 필요하다.

분류기 훈련

인공지능 시스템을 인간과 비교해 보자. 사람들은 학교에서 학습을 통해 지식을 습득하며 학습 효과를 검사하기 위해 시험을 치른다. 그리고 지식을 배우고 기술을 습득한 후에는 실제적인 문제를 해결할 수 있다. 인공지능 시스템도 비슷한 과정을 거친다. 학습 과정을 트레이닝(training, 훈련)이라고 하며, 시험 과정을 테스팅(testing, 측정)이라 하고, 문제 해결 과정을 애플리케이션(application, 응용)이라고 한다.

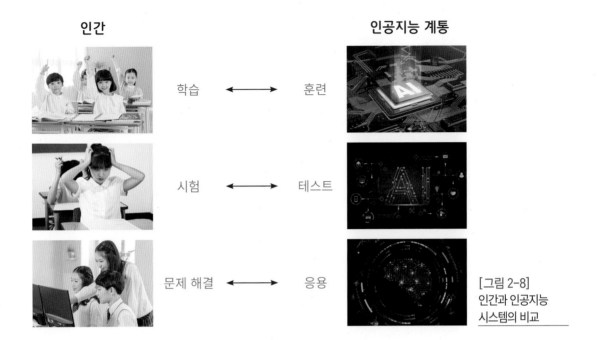

인간 　　　　　　　　　　　　　　　인공지능 계통

학습 ←——→ 훈련

시험 ←——→ 테스트

문제 해결 ←——→ 응용

[그림 2-8]
인간과 인공지능
시스템의 비교

　　분류기가 학습을 통해 적합한 파라미터를 얻는 과정을 분류기의 훈련이라고 한다. 이 장에서 학습하는 분류기의 훈련은 바로 좋은 분류선을 찾아내는 것이다.

　　우리는 학교에서 선생님과 교과서로 지식을 배운다. 그렇다면 인공지능은 무엇으로 학습을 할까? 바로 데이터이다. 데이터는 인공지능의 필수 요소 중 하나이다. 인공지능 시스템의 훈련은 대량의 데이터를 필요로 한다.

　　훈련 단계에 사용되는 데이터를 훈련 데이터라고 한다. 마찬가지로 테스트 단계에 사용되는 데이터는 테스트 데이터라고 한다. 분류에서 훈련과 테스트에 사용되는 데이터는 일반적으로 실제 범주(카테고리)를 알아야 한다. 데이터에 실제 범주(다른 작업에서는 다른 실제값에 해당)를 표시하는 과정을 데이터의 주석 달기(annotation)라고 한다. 데이터의 주석 달기는 시간과 노력이 많이 드는 과정이며, 일부 데이터의 주석 달기는

55

관련 분야에 대한 전문지식을 필요로 한다. 그러므로 데이터 수집과 주석 달기는 매우 중요한 과정이다. 인공지능 시스템은 데이터를 사용해 실행되며, 데이터 주석 달기의 품질이 훈련한 인공지능 시스템의 성능을 결정한다.

아래의 아이리스의 데이터는 미국 식물학자 에드거 앤더슨(Edgar Anderson)이 캐나다 가스페반도(Gaspésie)에서 아이리스 꽃잎 길이와 너비의 특징을 측정하여 얻은 것이다. 또한, 그는 식물학을 바탕으로 각종 꽃들이 어떤 품종인지 주석을 달았다.

아이리스	꽃잎 길이/cm	꽃잎 너비/cm	품종
	1.1	0.1	세토사
	1.7	0.5	세토사
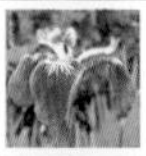	1.4	0.3	세토사
	1.6	0.6	세토사
	5.0	1.7	버시컬러
	4.0	1.0	버시컬러
	4.5	1.5	버시컬러
	3.0	1.1	버시컬러
・・・・・・	・・・・・・	・・・・・・	・・・・・・

[그림 2-9]
에드거 앤더슨이 측정하고, 주석달기를 한 아이리스 데이터의 일부

에드거 앤더슨의 측정과 주석으로 [그림 2-9]에서 보여 주는 데이터를 얻었다. 이 데이터 중 각 가로줄은 하나의 샘플로서 하나의 아이리스에 대한 특징과 그에 해당하는 품종을 포함한다.

이 데이터 세트(data set)를 기반으로 분류기를 훈련할 수 있으며, 데이터 세트가 분류기 훈련에 사용되면 이를 훈련 세트(training set)라 한다.

다음은 데이터 세트를 사용한 훈련 과정이다. 이 과정은 순서에 따라 판단하고 계산하는 절차로 구성되는데 일반적으로 알고리즘(algorithm)이라고 한다. 하나의 데이터 세트에 서로 다른 알고리즘을 사용하면 서로 다른 분류기를 얻을 수 있다.

어떻게 알고리즘을 설계하면 성능이 좋은(즉 분류의 정확도가 높은) 분류기를 얻을 수 있는지가 머신러닝(machine learning) 분야의 주요한 연구 주제이다.

위에서 들었던 선형 분류기(linear classifier)로 아이리스 분류를 계속 진행해 보자.

선형 분류기의 $f(x)$는 $f(x_1, x_2) = a_1x_1 + a_2x_2 + b$로 요약할 수 있다. 목표는 바로 분류기가 버시컬러와 세토사를 구분할 수 있는 적합한 파라미터 a_1, a_2, b를 찾아내는 것이다.

이러한 선형 분류기를 훈련하기 위해 자주 사용되는 두 가지 알고리즘에는 퍼셉트론(Perceptron)과 서포트 벡터 머신(Support Vector Machine, SVM)이 있다. 이 알고리즘들은 훈련 데이터를 이용해 자동으로 파라미터를 찾는 두 가지 방법이다.

퍼셉트론(perceptron)

퍼셉트론은 선형 분류기를 훈련하는 알고리즘으로 잘못 분류된 훈련 데이터로 분류기의 기존 파라미터를 조정함으로써 조정 후의 분류기가 더 정확하게 판단하도록 하는 것이다.

[그림 2-10]의 간단한 스케치 맵(sketch map)으로 설명해 보자. 처음에는 분류선이 두 개의 샘플을 잘못 분류하고, 잘못 분류된 샘플 쪽으로 이동한다. 첫 번째 조정 후 잘못 분류된 샘플에 대한 예측이 수정되었지만, 여전히 잘못 분류된 샘플이 하나 남아 있다. 잘못 분류된 샘플과 분류선과의 거리는 조정 전에 비해 줄어든 상태이다. 이어서 분류선이 잘못 분류된 샘플을 교차할 때까지 잘못 분류된 샘플 쪽으로 이동시킨다. 이러한 방식으로 모든 훈련 데이터가 정확하게 분류된다.

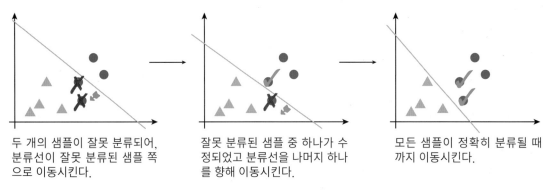

두 개의 샘플이 잘못 분류되어, 분류선이 잘못 분류된 샘플 쪽으로 이동시킨다.

잘못 분류된 샘플 중 하나가 수정되었고 분류선을 나머지 하나를 향해 이동시킨다.

모든 샘플이 정확히 분류될 때까지 이동시킨다.

[그림 2-10] 퍼셉트론의 트레이닝 과정

퍼셉트론의 학습 알고리즘

퍼셉트론은 잘못 분류된 샘플을 사용하여 선형 분류기를 조정한다. 만약 표시된 범주가 +1이면 $a_1x_1 + a_2x_2 + b < 0$의 샘플은 잘못 분류된 것

이며, 표시 범주가 -1이면 $a_1x_1 + a_2x_2 + b \geq 0$의 샘플은 잘못 분류된 것이다. 이 두 상황을 종합하여 $y \times (a_1x_1 + a_2x_2 + b) \leq 0$이면 샘플은 잘못 분류된 것이며, 여기서 y는 데이터의 실제 범주를 나타낸다. 퍼셉트론 학습 알고리즘은 잘못 분류된 샘플로 분류선의 파라미터를 조정하여 분류선이 잘못 분류된 데이터를 넘어서 정확하게 분류될 때까지 거리를 좁히면서 잘못 분류된 데이터의 방향으로 이동하도록 하는 것이다.

구체적인 퍼셉트론 학습 알고리즘은 다음과 같다.

퍼셉트론 학습 알고리즘

1단계: 분류기 초기 파라미터 a_1, a_2, b를 선택한다.

2단계: 훈련 세트 중에서 훈련 데이터를 하나 선택한다.

이 훈련 데이터가 잘못 분류된 경우, 즉 $y \times (a_1x_1 + a_2x_2 + b) \leq 0$이면, 아래의 규칙에 따라 파라미터를 업데이트한다(부등호 오른쪽에 업데이트된 값을 왼쪽 파라미터에 부여한다).

$a_1 \leftarrow a_1 + \eta y x_1$

$a_2 \leftarrow a_2 + \eta y x_2$

$b \leftarrow b + \eta y$

3단계: 훈련 데이터에 잘못 분류된 데이터가 없을 때까지 2단계로 돌아간다.

위 식에서 η은 학습률(learning rate)이며, 학습률은 매번 파라미터를 업데이트하는 정도의 크기를 나타낸다.

퍼셉트론 학습 알고리즘으로 성능이 우수한 선형 분류기를 얻을 수 있는 이유는 무엇인가?

퍼셉트론의 학습 알고리즘은 데이터의 잘못된 분류를 지속적으로 줄이는 과정이다. 여기에서 두 가지 의문점이 생길 것이다. 첫 번째는 데이터에 대한 선형 분류기의 잘못된 분류 정도를 어떻게 측정하는가? 두 번째는 어떻게 잘못된 분류 데이터로 선형 분류기의 파라미터를 조정하는가? 즉 퍼셉트론 학습 알고리즘 중 업그레이드 데이터의 규칙은 어디에서 오는가?

이 두 가지 의문점에 대한 해답은 손실 함수(loss function)와 최적화 기법(optimization methods)에서 찾을 수 있다.

손실 함수(loss function)는 훈련 과정 중 분류기의 예측 착오 정도를 측정하는 수학적 표현이다. 예측의 착오 정도가 클수록 손실 함수의 값이 더 크다. 적당한 손실 함수를 정의하는 것은 분류기 훈련에 있어서 매우 중요하다. 퍼셉트론과 서포트 벡터 머신(SVM)은 서로 다른 손실 함수를 기반으로 설계하였다.

아이리스를 분류하는 예시에서 총 N개의 훈련 데이터가 있다고 가정하면, $(x_1^{(i)}, x_2^{(i)})$로 i번째 훈련 데이터의 특징 벡터를 표시하고, $y^{(i)}$가 i번째 훈련 데이터의 범주를 표시한다면 퍼셉트론의 손실 함수 L은 다음과 같이 정의할 수 있다.

$$L(a_1, a_2, b) = \sum_{i=1}^{n} \max\left(0, -y^{(i)} \times \left(a_1 x_1^{(i)} + a_2 x_2^{(i)} + b\right)\right)$$

보충학습: 수열의 합 부호와 최댓값 부호

수학에서 Σ(시그마)로 수열의 합을 나타낸다. 예를 들면 1부터 100까지의 합을 나타내는 공식을 쓰고자 할 때 하나씩 쓰면 매우 번거롭기 때문에 총합을 나타내는 Σ(시그마)로 편리하게 표시한다.

$$\sum_{i=1}^{100} i = 1 + 2 + \cdots + 99 + 100 = 5050$$

Σ 부호 아래의 $i = 1$은 수열 항의 변화가 i이며 1항에서부터 시작한다는 뜻이다. 부호 위에 있는 100은 $i = 100$일 때까지의 수열 항을 합한다는 뜻이다.

max(맥스) 부호로 최댓값을 구하는 과정을 표시한다.

예를 들면 $\max(0, -1) = 0$, $\max(0, 1, 2) = 2$ 이다.

위에서 설명한 퍼셉트론의 손실 함수는 훈련 데이터 중 각 샘플에 대해 $-y \times (a_1 x_1 + a_2 x_2 + b)$를 계산한 다음, 0과 비교하여 0보다 크면 손실 함수가 증가하고 그렇지 않으면 손실 함수가 변하지 않는다. 퍼셉트론 학습 알고리즘에서 알 수 있듯이 $-y \times (a_1 x_1 + a_2 x_2 + b) \geq 0$인 샘플은 잘못 분류된 샘플이다.

따라서 위에서 설명한 손실 함수는 모든 잘못 분류된 데이터에 정의한 셈이다. 잘못 분류된 데이터가 없으면 손실 함수는 0이고, 잘못 분류된 데이터가 있으면 손실 함수를 증가시키며, 잘못 분류된 데이터가 많을수록 손실 함수가 더 크다.

위에 설명한 손실 함수 공식을 이용해 직접 계산해 보면, [그림 2-11(a)]에는 잘못 분류된 데이터가 하나 있고 손실 함수의 값이 0.2이다. [그림 2-11(b)]에서는 더 많은 데이터가 잘못 분류되었으며 손실 함수의 값이 2.65로 증가하였다. 또한, [그림 2-11(b)]로 분류선이 확정된 상

황에서 잘못 분류된 데이터가 분류선에서 멀리 떨어질수록 손실 함수
의 값이 더 크다는 것을 알 수 있다.

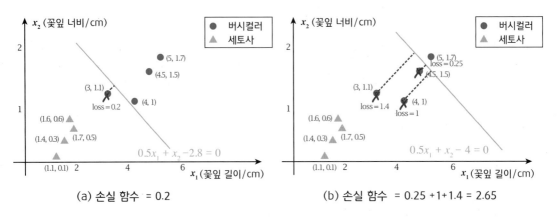

[그림 2-11] 잘못 분류된 데이터에 대한 퍼셉트론의 손실 함수의 값

손실 함수로 분류기의 데이터 분류 오류 정도를 측정한 후, 최적화
기법으로 분류기의 파라미터를 조정하여 데이터의 잘못된 분류를 줄
일 수 있다. 퍼셉트론 학습 알고리즘 중 파라미터를 조정하는 규칙은
퍼셉트론 손실 함수에 최적화 기법을 구체적으로 적용하는 것이다.
손실 함수는 훈련 데이터 세트에서 얻은 것이다. 이 손실 함수로 파라
미터를 업그레이드하는 것은 데이터 세트 전체 중에서 잘못 분류된 데
이터를 이용하는 것이다. 퍼셉트론 학습 알고리즘 중의 두 번째 단계
는 매번 무작위로 샘플 하나를 선택하여 잘못 분류된 샘플이면, 파라
미터를 업그레이드하는 방식으로 훈련 데이터에 더 이상 잘못 분류된
데이터가 없을 때까지 반복한다. 이는 퍼셉트론 손실 함수가 최적화
기법을 이용해 퍼셉트론 학습 알고리즘이 작은 변동을 일으키도록 하
는 것이다.

일반적으로 최적화(optimization)는 분류기의 파라미터를 조정하여 손실 함수가 제일 작아지도록 하는 과정이다.

[그림 2-12] 예시에서 최적화 과정을 이해하기 위해 a_1, a_2 두 개의 파라미터만 고려하도록 하자. [그림 2-12]에서 볼 수 있듯이 파라미터 세트 a_1, a_2가 취하는 값에 따라 한 개의 손실 함숫값이 대응한다. 모든 손실 함숫값을 3차원 좌표계(3D coordinate system)에 그리도록 한다. 아래는 대응하는 등고선이다. 즉 하나의 등고선에서는 모두 같은 손실 함숫값을 갖는다.

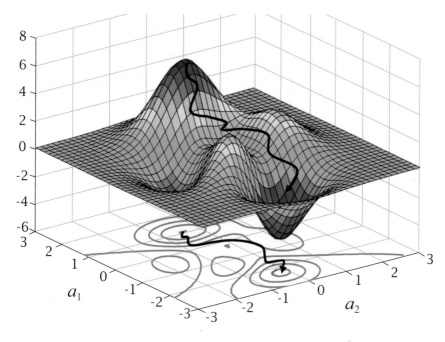

[그림 2-12]
최적화 과정 설명도

[그림 2-12]에서 볼 수 있듯이 손실 함숫값으로 구성된 굴곡 면은 기복을 이룬 산의 모양이다. 최적화의 목표는 손실 함숫값의 최소치, 즉 해발이 제일 낮은 산골짜기이다. 그렇다면 최적화 과정은 바로 산 꼭대기에서 산골짜기로 내려오는 과정이라고 할 수 있다.

매번 현재의 위치에서 산을 내려가는 방향으로 한 걸음 한 걸음 내려가면 해발이 더욱 낮은 위치에 이를 수 있다. 즉 해발이 제일 낮은 산골짜기에 이를 때까지 더욱 작은 손실 함숫값을 취하는 것이다. 이런 방식으로 산골짜기에 이르게 되면 최소의 손실 함숫값을 얻게 된다.

[실험 2-1]

1. 위에서 소개한 퍼셉트론 학습 알고리즘을 이용해 퍼셉트론 분류기를 하나 트레이닝한다.
2. 퍼셉트론 중의 초기 파라미터를 수정하고 여러 개의 분류기를 트레이닝하여 얻은 분류선이 일치하는지 관찰한다.
3. 퍼셉트론 학습 알고리즘 중의 학습률을 수정하고 여러 개의 분류기를 트레이닝하여 얻은 분류선이 일치하는지 관찰한다.

서포트 벡터 머신(Support Vector Machine, SVM)

앞에서 퍼셉트론 학습 알고리즘을 학습하였다. 실험에서 서로 같은 훈련 데이터에서 퍼셉트론 알고리즘은 초기 파라미터의 차이 또는 학습률의 차이에 따라 서로 다른 분류선을 얻게 되는 것을 알게 되었다. 이런 서로 다른 분류선은 모두 서로 다른 종류의 데이터를 구분할 수 있다.

그렇다면 이 분류선은 우열의 차이가 있을까?

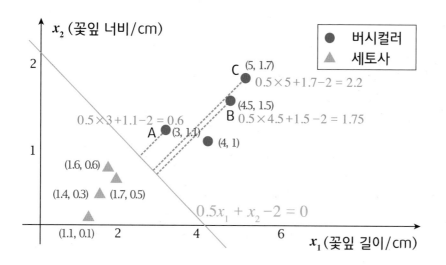

[그림 2-13]
한 점과 분류선과의
거리는 분류 예측의
신뢰도를 표시한다

일단 한 가지 예를 들어 보기로 하자. [그림 2-13]에서 분류선의 한 쪽에 있는 A, B, C 세 개의 샘플을 볼 수 있다. 점 C는 분류선과 비교적 멀리 있는데 해당 종류를 버시컬러라고 예측한다면 이 예측이 옳다는 것을 상대적으로 더 확신할 수 있다. 점 A는 분류선과 매우 가까이 있는데, 분류기가 이를 버시컬러라고 출력하면 이 예측을 그다지 확신하지 못한다. 점 B는 A와 C 사이에 있으며 그에 대한 신뢰도는 A와 C 사이에 있다.

일반적으로 한 점과 분류선의 거리는 분류 예측에 대한 신뢰도를 표시한다, 그렇다면 점과 분류선과의 거리를 어떻게 표시할까? 분류선이 확실한 상태에서 $|a_1x_1+a_2x_2+b|$로 이 거리를 상대적으로 표시할 수 있다. 그리고 $a_1x_1+a_2x_2+b$가 y와 일치하는지 여부는 분류가 정확한지 여부를 표시한다. 따라서 $y \times (a_1x_1+a_2x_2+b)$는 분류의 정확성을 표시하는 동시에 예측의 신뢰도를 표시한다. [그림 2-13]에서 이 결론을 간단하게 증명하고 있다. 이 공식은 퍼셉트론의 손실 함수에도 사용한다.

위의 예시에서 분류선을 고정으로 설정하고, 서로 다른 데이터 점을 분석하여 직관적으로 "한 점이 분류선과 멀수록 분류 예측의 신뢰도가 더 높다."라는 결론을 얻었다. 이처럼 훈련 데이터가 주어졌을 때, 훈련으로 얻은 분류선의 분류가 정확하다고 가정한다면 데이터 점과 멀리 떨어질수록 신뢰도가 더욱 좋은 것이다.

사실 분류선과 제일 가까운 점의 거리에만 주목하면 된다. 해당 점이 분류선과 거리가 멀수록 더 좋은 것이다. 두 종류의 데이터 중 분류선과 거리가 가장 가까운 점으로부터 분류선까지의 거리를 분류 간격(classification margin)이라고 한다.

[그림 2-14]에 두 개의 분류선이 있다. 두 분류선은 모두 세토사와 버시컬러를 정확히 분류할 수 있다. 그림 속의 음영 영역은 각 분류기의 분류 간격을 의미한다. 그림에서 볼 수 있듯이 등황색의 음영 영역이 더욱 넓으며 분류 간격이 더욱 크므로 예측 신뢰도는 더 높아진다.

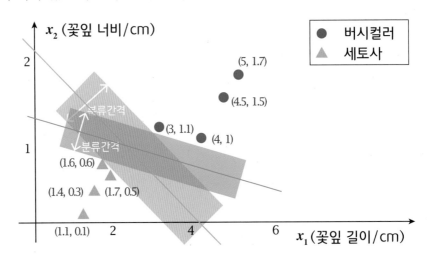

[그림 2-14]
서로 다른 분류선은
서로 다른 분류 간격
이 있다.

서포트 벡터 머신은 특징 공간에서 분류 간격이 제일 큰 분류기이며 퍼셉트론과 마찬가지로 두 종류의 데이터에 대해 분류를 한다. 선형 분류기가 분류기의 한 종류이듯이 선형 서포트 벡터 머신도 서포트 벡터 머신 중의 한 종류이다. 특별한 설명이 없다면 서포트 벡터 머신은 선형 서포트 벡터 머신을 의미한다.

직관적으로 분류 간격이 제일 큰 분류선을 쉽게 찾아낼 수 있으므로 직접 실행해 보길 바란다. 아주 굵은 분필로 선 하나를 그어 두 종류의 데이터를 정확히 분류하는 동시에 굵기도 제일 굵어야 한다. 이 굵은 직선은 분류 간격이 제일 큰 분류선이며 서포트 벡터 머신이 찾고자 하는 분류선이다.

[그림 2-15]에서 제일 굵은 선은 모든 데이터 점과 관련이 있는 것이 아니라 일부 데이터 점에만 관련이 있다. 그림에서 음영 영역에 있는 점만 남기고 다른 점을 모두 제거해도 비슷한 가장 굵은 선으로 두 종류의 데이터를 구분할 수 있다. 즉 얻게 되는 분류선은 변하지 않는다. 음역 영역에 있는 점을 서포트 벡터(support vector)라고 하며, 여기에서 서포트 벡터 머신 명칭이 유래되었다. 서포트 벡터는 분류선의 훈련 데이터를 정의할 수 있는 데이터이며, 또한 가장 분류하기 어려운 훈련 데이터이기도 하다. 결론적으로 말하면 서포트 벡터는 분류 작업 해결에 필요한 정보가 풍부한 데이터여야 한다.

[실험 2-2]

1. 서포트 벡터 머신 학습 알고리즘으로 분류기를 훈련한다.
2. 퍼셉트론과 서포트 벡터 머신으로 훈련한 분류기의 분류 간격을 각각 시각화한 다음 비교한다.

심화학습 : 서포트 벡터 머신의 손실 함수

굵은 분필로 직선을 그리는 예시에서 최대 분류 간격을 보다 직관적으로 찾을 수 있게 되었다. 서포트 벡터 머신이 분류 간격의 크기가 가장 큰 분류기라면 퍼셉트론처럼 서포트 벡터 머신의 손실 함수에 공식을 정의하고 훈련 데이터를 사용해 최적화 기법으로 값을 구해낼 수 있지 않을까?

당연히 가능하다. 이어서 서포트 벡터 머신의 손실 함수를 정의하는 과정을 간단하게 상황을 가정하여 논의해 보자. 두 종류의 데이터는 위에서 예시한 아이리스 분류 문제의 내용과 마찬가지로 하나의 직선으로 분류가 가능하다.

우리의 목적은 분류선 $a_1x_1 + a_2x_2 + b = 0$의 파라미터 a_1, a_2, b를 확정하는 것이다. 서포트 벡터 머신의 핵심은 분류 간격의 최대화이다. 만약 데이터 점 (x_1, x_2)가 직선으로 정확히 분류되었다면, 이 점에서 직선까지의 거리는 다음과 같은 공식으로 계산할 수 있다.

$$\frac{|a_1x_1 + a_2x_2 + b|}{\sqrt{a_1^2 + a_2^2}} = y \times \frac{a_1x_1 + a_2x_2 + b}{\sqrt{a_1^2 + a_2^2}}$$

이로써 훈련 데이터 중 임의의 데이터 $(x_1^{(i)}, x_2^{(i)})$와 분류선과의 기하 간격(geometric margin)인 $\gamma^{(i)}$는 다음과 같다.

$$\gamma^{(i)} = y^{(i)} \times \frac{a_1x_1^{(i)} + a_2x_2^{(i)} + b}{\sqrt{a_1^2 + a_2^2}}$$

기하 간격과 데이터 점에서 직선까지의 거리와는 무슨 관계가 있을까? 데이터 점이 정확히 분류되었다면 기하 간격이 바로 점에서 직선까지의 거리이며, 정확히 분류되지 않았다면 양수·음수 부호의 차이가 있을 뿐이다. 따라서 데이터 점에서 분류선까지의 기하 간격은 일반적으로 점에서 직선까지의 부호가 달린 거리이다.

모든 훈련 데이터에서 직선까지의 기하 간격을 모든 데이터 점에서 기하 간격까지의 최소치라고 정의한다.

$$\gamma = \min_{i=1, \cdots, N} \gamma^{(i)}$$

min 부호는 뒤에 있는 표현식(expression)의 값을 최소화한다는 뜻이다. [그림 2-15]에서 분류 간격은 기하 간격의 두 배로써 2γ임을 알 수 있다.

따라서 분류 간격의 최대화는 2γ을 최대화하는 것이며, 수학 부호 $\max_{a_1, a_2, b} 2\gamma$로 표시할 수 있다. max는 뒤에 있는 표현식의 값을 최대화한다는 뜻이며, max 아래의 a_1, a_2, b는 바뀔 수 있는 파라미터를 표시한다. 2γ의 최대화는 $\frac{2}{\gamma}$의 최소화와 동치(equivalence) 관계로써 수학 부호로 표시하면 $\min_{a_1, a_2, b} \frac{2}{\gamma}$이다. 이 형식은 서포트 벡터 머신의 손실 함수로 볼 수 있으며, 이 손실 함수를 최소화해야 한다.

이 문제의 해답을 구하기 위해서는 반드시 각각의 훈련 데이터 점에서 분류선까지의 기하 간격이 최소한 γ여야 한다. 따라서 최적화 문제는 다음 공식으로 표시한다.

$$\min_{a_1, a_2, b} \frac{2}{\gamma}$$

동시에 각 i에 대해 $i, y^{(i)} \times \dfrac{a_1 x_1^{(i)} + a_2 x_2^{(i)} + b}{\sqrt{a_1^2 + a_2^2}} \geq \gamma$를 만족시킨다.

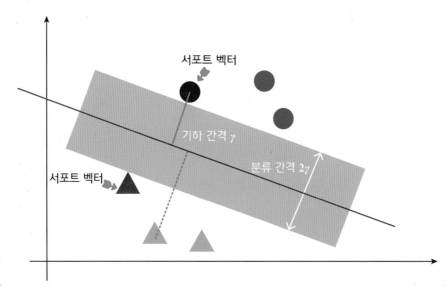

서포트 벡터

기하 간격 γ

분류 간격 2γ

서포트 벡터

[그림 2-15]
기하 간격과 분류
간격

이로써 서포트 벡터 머신의 완전한 손실 함수를 얻었다. 이 문제는 최적화 기법으로 해답을 구할 수 있다. 하지만 구체적인 과정은 현재 수준을 뛰어넘는다. 나중에 관련된 수학적 지식을 배우면 풀 수 있다.

2.4 테스트와 응용

이미 퍼셉트론과 서포트 벡터 머신 두 가지 분류기의 학습 알고리즘을 배웠다. 분류기를 얻고 나면, 당연히 어느 알고리즘으로 얻은 분류기의 성능이 제일 좋은지 궁금할 것이다. 그래서 테스트 단계가 필요하다.

테스트 과정은 수업을 듣고 나서 시험을 보는 것과 같다. 시험지의 문제를 풀면 시험지를 채점하고 최종 점수를 확정한다.

이와 유사하게 분류기도 테스트 단계에서 테스팅 데이터를 처리하고 전체 테스트 세트에 대한 예측 결과를 내야 한다. 분류의 결과와 테스트 세트의 주석이 같으면 분류가 정확한 것이고 그렇지 않으면 분류가 잘못된 것이다.

다시 아이리스 분류를 예로 들어 보자. 테스트 데이터 중 한 아이리스의 꽃잎 길이가 1.5cm, 꽃잎 너비가 0.4cm이다. 테스트 샘플의 특징 벡터 (1.5, 0.4)를 특징 공간에 그리면 [그림 2-16]에서처럼 빨간색 별의 자리에 있고, 이는 분류선의 세토사 측에 자리하므로 세토사로 예측한다. 또한, 이 아이리스는 세토사가 맞으므로 정확하게 분류하였다.

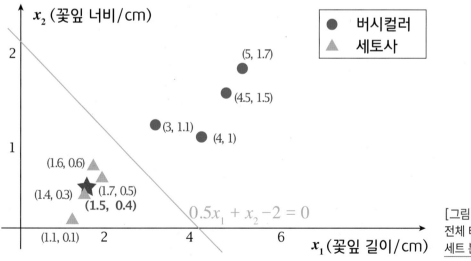

[그림 2-16]
전체 테스트 데이터
세트 분류

전체 테스트 세트를 한 번 테스트해 본 다음, 분류기가 정확하게 분류한 샘플 수를 계산한다. 해당 샘플 수의 테스트 세트 수의 비율은 예측 정확도를 반영하며 분류 정확도(classification accuracy)라고 불린다.

$$분류\ 정확도 = \frac{정확하게\ 분류한\ 샘플\ 수}{테스트\ 샘플\ 수} \times 100\%$$

분류 정확도를 알고 나면 분류기의 효과를 알 수 있고 여러 개의 분류기를 비교하여 제일 좋은 것을 선택할 수 있다.

테스트를 거쳐 가장 좋은 분류기를 선택하였다면 이제 실력을 발휘할 차례가 되었다. 아이리스 하나를 발견하고 무슨 품종인지 알고 싶다면 자로 꽃잎의 길이와 너비를 측정한 다음, 트레이닝을 마친 분류기에 입력하면 분류기는 예측 결과를 출력한다. 이 과정이 분류기의 응용 단계이다.

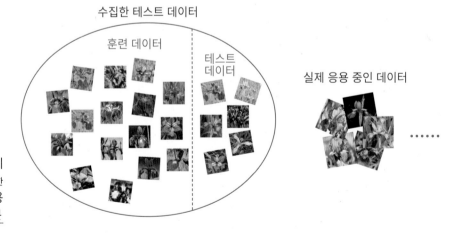

[그림 2-17]
훈련 데이터 및 테스트 데이터(수집한 테스트 데이터), 응용 단계의 데이터 구분

테스트와 응용은 어떤 차이가 있는가? 기능적 측면에서 테스트는 분류기의 성능을 판단하여 최적의 분류기를 선택하는 데 사용하며, 응

용은 분류기를 실제 상황에서 사용하는 것이다. 하나의 문제에 대해 여러 개의 분류기를 트레이닝하고 테스트 데이터로 테스트를 한 다음, 가장 성능이 좋은 분류기를 선택하여 다시 최종 테스트를 거친 후에 실제 응용에 사용된다. 데이터상으로 볼 경우 테스트 단계에서 사용하는 것은 미리 수집하고 주석을 달아 놓은 테스트 세트이며, 응용 단계에서 데이터는 실제 상황에서 얻은 것으로 태그가 없으며 더욱 복잡하고 변수가 많다.

[실험 2-3]

1. 테스트: 퍼셉트론과 서포트 벡터 머신의 알고리즘을 훈련하여 분류기의 분류 정확도를 얻는다.
2. 응용: 아이리스의 꽃잎 길이와 너비를 측정하여 분류기의 예측 결과를 얻는다.

2.5 다양한 범주(category) 품종 분류

지금까지 두 가지 품종에 대한 분류, 즉 이진 분류(binary classification)에 대해서 알아보았다. 그러나 실제 상황에서는 더 다양한 종류에 대해 분류해야 한다. 예를 들면 모란꽃, 연꽃, 매화 등 여러 꽃 종류들을 구분하기가 있다. 그렇다면 이와 같은 다중 분류(multi class classification)는 어떻게 해결해야 할까?

　　앞의 예시에서 하나의 분류기를 사용하여 이진 분류 문제를 해결하였다. 다중 분류 문제에서 다중 분류를 여러 개의 이진 분류 문제로 변환할 수 있을까?

　　여러 개의 이진 분류 함수를 사용할 때, 분류 함수마다 각각의 파라미터가 있어서 하나의 범주에 대해서만 분류한다.

　　[그림 2-18]을 보면 모란, 연꽃, 매화를 분류하는 분류기가 세 개 있다. 이들은 어느 한 꽃이 모란인지 아닌지, 연꽃인지 아닌지, 매화인지 아닌지만 분류한다. 하나의 그림을 선택해서 특징 벡터를 입력하면 세 개의 분류기는 각각의 예측을 출력할 것이고, 이 세 개의 예측을 종합하면 다중 분류의 예측 결과를 얻을 수 있다.

　　구체적으로 말하자면 f_1의 출력이 긍정(positive)이고 f_2와 f_3의 출력이 부정(negative)일 경우 해당 종류는 모란꽃이라고 확신할 수 있다. 그러나 두 개 분류기의 출력이 긍정인 경우도 있을 것이다. 이럴 때는 어떻게 종합하여 판단할 것인가? 사실 이것은 확실하지 않은 문제로써 마치 일기예보에서 내일 비가 올 가능성이 80%라고 할 경우, 내일 비가 안 올 수도 있지만 비가 올 가능성이 크다는 뜻이다. 우리도 이와 같은 방법을 쓸 수는 없을까?

　　사실 f_1, f_2와 f_3의 출력값을 정규화된 지수 함수(소프트맥스 함수)를 사용해 얻을 수 있다. 소프트맥스 함수는 출력을 확률로 변환하여 입력 객체가 어느 범주에 속하는지 그 가능성을 설명한다. 소프트맥스 함수는 신경망 다중 분류 문제에서 많이 응용되고 있다.

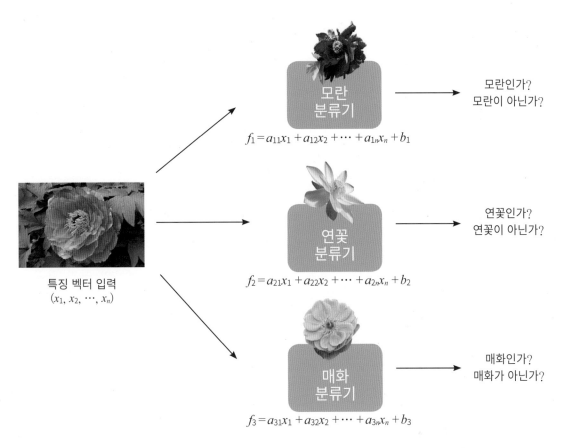

특징 벡터 입력
$(x_1, x_2, \cdots, x_n)$

$f_1 = a_{11}x_1 + a_{12}x_2 + \cdots + a_{1n}x_n + b_1$

$f_2 = a_{21}x_1 + a_{22}x_2 + \cdots + a_{2n}x_n + b_2$

$f_3 = a_{31}x_1 + a_{32}x_2 + \cdots + a_{3n}x_n + b_3$

모란인가?
모란이 아닌가?

연꽃인가?
연꽃이 아닌가?

매화인가?
매화가 아닌가?

[그림 2-18] 다중 분류기 설명도

소프트맥스(softmax) 함수는 한 벡터(예를 들면 여러 개의 이진 분류 함수의 출력 값을 하나의 벡터로 조합한 것)를 다른 벡터에 '압축'하여 그중 요소마다 범위가 (0, 1) 사이에 있고, 모든 요소의 합이 1이 되도록 한다. 이 과정을 정규화(normalization)라고 한다. 소프트맥스 함수의 구체적인 형식은 다음 공식과 같다.

$$\sigma(z_j) = \frac{e^{z_j}}{\Sigma_{k=1}^{K} e^{z_k}}$$

여기서 $j = 1, \cdots, K$ 이다. 이 벡터에는 총 K개의 항이 있다. 먼저 각 항을 지수로 변환한 다음, 각 지수의 변환 후 출력의 전체 출력에서 차지하는 비율을 계산한다. 먼저 지수 변환을 하고 다시 정규화를 하기 때문에 소프트맥스 함수를 정규화된 지수 함수라고 한다.

[표 2-1]에 소프트맥스 함수의 계산을 열거해 놓았다. 세 개의 이진 분류기가 각각 −1, 2, 3을 출력하였다. 벡터 (−1, 2, 3)을 조합한다. 소프트맥스 함수를 거치고 나면 벡터 (0.013, 0.265, 0.722)를 얻게 되는데 이들을 합하면 1이다. 출력한 벡터 중 최댓값인 0.722는 입력 벡터 중 최댓값인 3과 대응된다. 이 함수의 일반적인 의미는 벡터를 정규화하여 최댓값을 명확하게 하고, 최댓값보다 훨씬 작은 기타 값을 제한하는 데 있다.

[표 2-1] 소프트맥스 함수의 계산

입력 z	−1	2	3	합
지수 변환 e^z	$e^{-1} \approx 0.368$	$e^2 \approx 7.389$	$e^3 \approx 20.86$	27.843
소프트맥스 함수	$\dfrac{0.368}{27.843} \approx 0.013$	$\dfrac{7.389}{27.843} \approx 0.265$	$\dfrac{20.086}{27.843} \approx 0.722$	1

소프트맥스 함수를 거치고 나면 그 값은 모두 0보다 크며 총합이 1이다. 이것들을 확률, 즉 입력이 어느 종류일 가능성의 크기로 볼 수 있다. 예를 들어 출력 (0.013, 0.265, 0.722)이 첫 분류일 가능성은 1.3%, 둘째 분류일 가능성은 26.5%, 셋째 분류일 가능성은 72.2%임을 표시한다고 볼 수 있다. 따라서 입력은 셋째 분류일 가능성이 크다.

소프트맥스 함수를 거치고 나서 분류기가 출력한 값은 더 깊은 의미를 갖게 된다. 출력의 종류를 알려줄 뿐만 아니라 앞에서 설명하였던 직관적인 확실성 정도를 측정할 수 있는 확률, 즉 결과에 대한 분류기의 신뢰 정도로 변환시켰다. 예를 들어 출력한 확률이 99% 모란이라면 이 예측은 매우 정확하다. 출력한 확률이 65% 매화라면 이 예측은 확실성이 그리 높지 않기 때문에 이 분류기의 예측을 믿는 것은 다시 생각해 보아야 한다.

2.6 이진 분류(Binary Classification)의 응용

이번 장에서 사물을 두 개의 범주로 분류하는 이진 분류의 문제를 소개하였다. 생활 속에서 결정하고 있는 '예스(Yes) 아니면 노(no)의 문제'는 모두 이진 분류의 범주이다. 예를 들면 사람의 얼굴이 맞는가, 아닌가? 암이 있는 의학 영상이 맞는가, 아닌가? 광물자원이 있는 장소가 맞는가 아닌가? 다음은 카메라 속의 얼굴 인식과 의료 진단에서의 암 검사를 예로 들어 이진 분류 기술이 실제 생활에서 어떻게 응용되는지 알아보자.

카메라 속의 얼굴 탐지

우리가 여행을 즐길 때 늘 기념 촬영을 한다. 휴대전화든 디지털 카메라든 앵글이 사람 얼굴을 향하면 [그림 2-19]에서처럼 사각형의 프레임이 사람 얼굴 영역을 표시한다. 그렇다면 이 기술은 어떻게 실현한 것일까?

[그림 2-19]
카메라의 얼굴 탐지

카메라 속의 얼굴 탐지에 사용되는 기술이 바로 이진 분류 기술이다. 그 모든 과정은 [그림 2-20]을 참조한다. 우선 한 장의 사진은 여러 개의 이미지 블록으로 조밀하게 구성하고, 그 한 장의 사진을 수천만 개의 이미지 블록으로 분리한다.

그다음에 모든 이미지 블록은 얼굴 분류기로 사람 얼굴이 맞는지 아닌지 분류를 한다. 얼굴 분류기는 미리 훈련을 완성한 이진 분류기로써 아이리스 품종을 분류하는 분류기를 훈련했던 것과 같다.

사람 얼굴로 예측한 이미지 블록에 대해 카메라는 해당 이미지 블록에 사각형의 프레임을 나타낸다. 이것이 바로 카메라 속 얼굴 탐지의 비밀이다.

아마 사진을 찍을 때 거리의 원근에 따라 얼굴 크기가 다를 경우에
는 어떻게 하는지 질문할 수 있을 것이다. 이미지 블록을 자를 때 하나
의 크기로만 자르는 것이 아니라 여러 크기로 잘라서 거의 모든 얼굴
크기를 포함한다. 그 때문에 한 장의 사진에서 자르는 이미지의 블록
수는 매우 많다. 그러나 얼굴 분류기가 간단하고 계산량이 적을 뿐만
아니라 속도를 높이는 기타 기술도 사용되기에 모든 과정에 드는 시간
은 인식하지 못할 정도로 빨라서 마치 실시간으로 얼굴 인식을 하는
것 같이 느껴진다.

[그림 2-20] 카메라의 얼굴 탐지 과정

서로 다른 크기와 위치의 이미지 블록이 동시에 얼굴로 탐지되면
수많은 프레임이 서로 겹쳐질 것이라고 생각할 수 있을 것이다. 옳은
생각이다.

[그림 2-21]을 보면 얼굴 근처에 서로 다른 위치와 크기의 이미지
블록이 모두 얼굴로 인식되어 여러 개의 프레임이 모두 얼굴 근처에
나타난다. 이것은 영상 후처리 융합 기술로 여러 개의 프레임을 하나
로 융합시켜 [그림 2-21]의 오른쪽과 같은 결과를 얻을 수 있다.

[그림 2-21]
얼굴 탐지 중 여러
프레임의 융합

암 검사

의료분야에서 환자의 생체조지 샘플 영상으로 암을 진단하는 것은 의료 분야의 이진 분류 응용이다. 병리학자는 환자의 생체조직 샘플을 검사하고 나면 암 발생 여부를 판단할 수 있다. 따라서 이 진단 과정은 환자의 치료에 매우 중요하다. 그러나 병리학적 절편을 검사하는 것은 매우 복잡하며, 오랜 경험과 풍부한 전문 지식이 필요하다.

암 검사를 분류의 측면에서 보면 이진 분류의 문제, 즉 생체조직 샘플의 구역마다 종양(tumor)인지 아닌지 판단하는 것이다. 현재 인공지능의 발전 덕분에 일부 암 진단에 있어서 인공지능 시스템의 암 진단 정확도가 경험이 풍부한 병리학자 지식 수준에 접근하고 있다. [그림 2-22]에서 왼쪽은 림프샘(lymph node) 조직검사(biopsy) 영상이고 오른쪽은 구글(Google)의 최근 검사 결과이다. 구글의 이 검사 결과는 테스트 데이터상에서 이미 일반적인 병리학자의 수준을 뛰어넘고 있다.

그러나 실제 상황에서 종양의 조직 샘플은 더욱 복잡하고 병리학적
영상이 기타 요인의 영향을 받고 있으며, 심지어 훈련 데이터에서 나
타난 적이 없는 매우 드문 병리학적 절편 영상이 나타날 수도 있다. 병
리학자는 자기 경험과 지식으로 이런 상황을 처리할 수 있지만 인공지
능은 이런 면에서 아직은 부족하다.

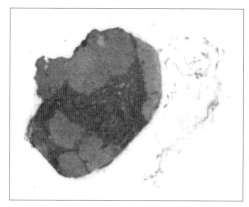

림프샘 조직검사 영상

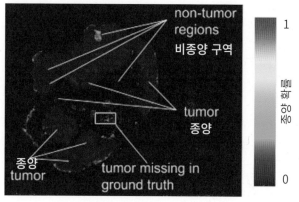

종양 검사 결과

[그림 2-22] 병리학적 절편 영상을 통한 암 검사

암 검사에서 양성과 악성은 종종 구분하기가 어렵다. [그림 2-23]
에서 볼 수 있듯이 유선암 전이가 발생한 악성 종양과 정상 조직인 대
식세포(大食細胞)는 외관상 매우 유사하다.

현재의 인공지능 시스템은 비교적 정확하게 악성 종양과 대식세포
(macrophage)를 구분할 수 있다. 이는 경험 있는 병리학자의 수준을 향해
한 발 더 가까이 다가가고 있다고 할 수 있다.

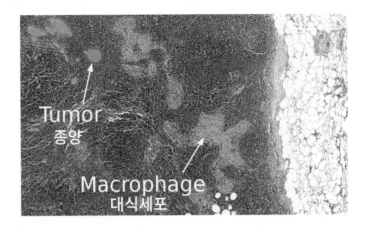

[그림 2-23]
림프샘 속의 종양과
대식세포를 정확히
구분한다.

아직 실험 단계에 있는 인공지능 진단 전문가들은 점차 병원으로 나와서 의사들이 더 정확하고 빠르게 진단할 수 있도록 도와주고 있다. 인공지능 진단 전문가들은 효율성을 높이고 의사들의 부담을 덜어줄 뿐만 아니라 검사 결과도 더 정확하여 환자들의 소중한 치료 시기를 확보하는 데 도움을 주고 있다. 기술은 끊임없이 발전하고 있다. 머지않은 미래에 인공지능 기술은 의료 분야에서 최대한 널리 활용할 수 있을 것이다.

2.7 이 장의 요약

분류는 사물을 같은 범주에 포함하는 과정으로써 생활 속에서 널리 응용되고 있다. 특징과 분류기는 분류에서의 중요한 개념이다. 특징은 사물 자체의 특성을 근거로 추출한 어느 방면의 숫자나 속성으로써 특징 벡터로 표시할 수 있다. 분류기는 특징 벡터에서 분류에 이르는 함수이다.

분류 과정은 특징 추출, 분류기 훈련, 응용 테스트의 세 단계로 나눌 수 있다. 특징 추출은 데이터에서 특징 벡터에 이르는 과정으로써 분류법의 가장 중요한 부분이다. 특징 벡터를 얻은 후 데이터와 알고리즘으로 분류기를 훈련한다. 분류기가 테스트를 통과하고 나면 실제 생활에서 응용할 수 있게 된다.

분류기의 훈련은 훈련 알고리즘으로 완성된다. 다른 훈련 알고리즘을 사용해 다른 분류기를 얻을 수 있다. 이 장에서 퍼셉트론과 서포트 벡터 머신 두 가지 훈련 알고리즘을 설명하였다. 두 가지 알고리즘은 손실 함수가 있다. 손실 함수로 분류기가 훈련 과정에서 출력한 착오의 정도를 측정하고, 그다음 최적화를 거쳐 완성된 분류기를 얻을 수 있다.

제3장 이미지와 사물 인식

아리는 사진 촬영을 좋아한다. 사진 앨범에는 수많은 사진이 쌓여 있다.

동물원의 사랑스러운 생명들이 있는가 하면 산과 들에 만발한 꽃들도 있고 고양이, 강아지, 자동차, 비행기 등이 있다. 이 사진들을 다시 들춰 봐도 당시의 자세한 기억은 더 이상 생각나지 않는다.

아리는 '이 귀여운 동물의 명칭은 무엇인지, 또는 이 생기 넘치는 꽃 이름은 무엇인지, 친구가 안고 있는 강아지는 무슨 종인지를 컴퓨터가 자동으로 식별해서 알려줄 수 있으면 좋을 텐데….'라고 마음속으로 생각했다.

내가 그의 이름을 불러주기 전에는 / 그는 다만 / 하나의 몸짓에 지나지 않았다. /
내가 그의 이름을 불러주었을 때 / 그는 나에게로 와서 / 꽃이 되었다.

　　　　　　　　　　　　　　　　　　　　　　　- 김춘수 시인의 <꽃> 중에서 -

　산과 들에 가면 아름답게 피어 있는, 많은 야생화를 보게 된다. 하지
만 꽃의 이름을 알지 못해 그저 "꽃이 아름답다!"라는 말을 할 뿐이다.
이때 꽃의 이름을 정확하게 불러준다면 꽃이 더욱 다정하고 친밀하게
마음속에 다가올 것이다. 최근에는 야생화를 식별할 수 있는 앱이 개
발되어 꽃에 휴대전화 카메라의 초점을 맞춰 사진을 촬영하면 꽃 이름
이 화면에 나타난다. 어떻게 휴대전화로 꽃을 식별하고 꽃 이름을 알
려주는 것일까? 이제 함께 딥러닝 기술의 신비한 베일을 벗겨 보고 원
리를 알아보자!

3.1 수작업 특징에 기반한 이미지 분류

아리의 앨범에는 고양이, 강아지, 자동차, 비행기 등이 있지만 한눈에 알아볼 수 없는 사물들의 사진도 있다.

[그림 3-1] 속의 첫 번째 사진은 '펭귄'일까? 아니면 새일까? 두 번째 사진은 무슨 품종의 '고양이'일까? 사진 속의 대상이 무슨 종류인지 인식하는 것 또한 일종의 분류 작업이다. 제2장에서 분류 작업이 특징 추출과 특징 분류 두 개의 핵심 절차가 있음을 알게 되었다.

[그림 3-2]와 같이 아이리스 분류의 예시에서는 꽃잎 길이와 너비를 측정하는 방식으로 2차원 특징 벡터를 추출하였다. 그리고 특징 벡터를 분류기에 입력하여 일련의 알고리즘을 거치면 아이리스의 품종을 판단할 수 있다.

다시 이 과정을 따라함으로써 이미지를 효과적으로 분류하는 시스템을 설계할 수 있지 않을까? 그렇다면 이미지 분류에 어떤 특징을 사용하면 이미지로부터 특징을 효과적으로 추출할 수 있을까? 이 문제를 해답을 찾기 전에 우선 컴퓨터의 시각에서는 이미지가 어떤 모양인지부터 알아보도록 하자.

[그림 3-1] 아리의 앨범 사진

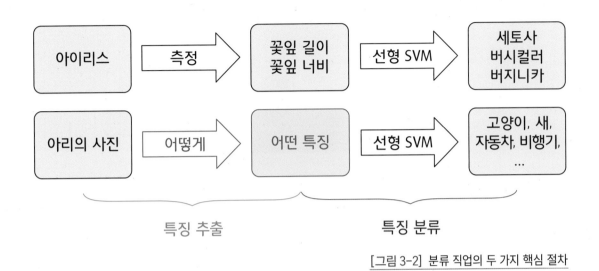

[그림 3-2] 분류 직업의 두 가지 핵심 절차

컴퓨터의 시각으로 보는 이미지

이미지 특징 추출을 배우기 전에 이미지(image)가 컴퓨터에서 어떻게 표시되는지부터 보도록 하자. [그림 3-3]에서처럼 그림을 확대하면 각각의 작은 블록으로 이루어졌음을 발견할 수 있다. 각각의 블록은 하나의 색상 블록이다. 숫자로 다른 색상을 표시한다면 이미지를 숫자로 구성된 사각형의 행렬로 표시할 수 있으며, 이를 매트릭스(matrix)라고 한다. 따라서 컴퓨터에 저장할 수도 있다. 각각의 블록은 픽셀(pixel)이라고 하며, 픽셀의 행렬 수를 해상도(resolution)라고 한다. 평소에 이미지의 해상도가 1920×1080이라고 하는 것은 바로 1,920행에 1,080열의 픽셀로 이루어졌다는 뜻이다. 이미지를 숫자로 바꿀 수 있다면 반대로 숫자를 이미지로 바꿀 수도 있다. 숫자로 이루어진 매트릭스의 모든 값을 대응하는 색상으로 바꾸어서 컴퓨터 모니터에 해당 이미지를 나타나게 한다.

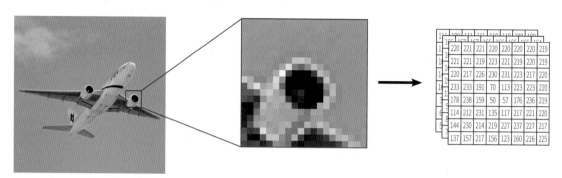

[그림 3-3] 컴퓨터의 이미지 표시

사진이 흑백과 컬러로 나뉘는 것처럼, 이미지도 그레이 스케일(gray scale)과 컬러로 나뉜다. 그레이 스케일 이미지는 명암의 차이밖에 없으므로 한 숫자만으로 회색의 정도를 표시할 수 있다.

일반적으로 숫자 0은 제일 어두운 검정을 표시하고, 255는 제일 밝은 흰색을 표시하며, 0과 255 사이의 정수(整數)는 다른 명암의 회색을 표시한다. 컬러 이미지는 (R, G, B) 세 숫자로 한 색상을 표시하는데, 이는 빛의 3원색인 빨강(R), 녹색(G), 파랑(B)으로 이루어진 색상이다. 각각의 기본 색상들도 0에서부터 255까지의 정수로 해당 원색의 명암 정도를 표시한다.

[그림 3-4]에서처럼 세 개의 색상을 대표하는 숫자 중 어느 숫자가 크면 해당 색상의 비율이 더욱 높다. 예를 들면 (255, 0, 0)은 순수한 빨강을 표시하고, (0, 255,0)은 순수한 녹색을 표시하고, (64, 192, 255)는 하늘색을 표시한다.

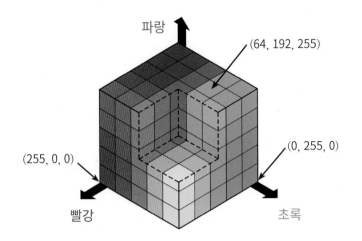

파랑

(64, 192, 255)

(0, 255, 0)

(255, 0, 0)

빨강

초록

[그림 3-4]
색상의 표시

이제 하나의 컬러 이미지가 정수로 이루어진 정육면체 행렬(큐브 매트
릭스)로 표시된다는 것을 알게 되었다. 정육면체에 따라 배열한 숫자 행
렬을 3차원 텐서(tensor)라고 한다. 3차원 텐서의 길이와 너비는 곧 이미
지의 해상도이고 높이는 3이다. 디지털화 이미지에 있어서 3차원 텐서
의 높이는 채널(channel) 수라고 부른다. 따라서 컬러 이미지는 세 개의
원색 채널이 있다고 일컫는다.

매트릭스는 높이가 1인 그레이스케일 이미지는 3차원 텐서로 볼 수
있으며, 하나의 원색 채널밖에 없다.

보충학습: 텐서

텐서는 수학, 물리 및 공학 등의 기본 개념으로 앞에서 설명했던 여러 개념
은 모두 텐서의 특수한 형식이다. 예를 들면 스칼라(scalar)는 0차원 텐서이고,
벡터는 1차원 텐서이며, 매트릭스는 2차원 텐서이다.

이미지의 특징

이미지의 특징을 본격적으로 배우기 전에 어떤 특징으로 사진들을 구분할 수 있을지 간단하게 생각해 보도록 하자. 예를 들면 [표 3-1]에서처럼 '날개의 유무(有無)'를 하나의 특징으로 본다면 새와 고양이를 구분할 수 있고 자동차와 비행기를 구분할 수 있다. 다시 '눈의 유무'를 또 하나의 특징으로 삼으면 완벽하게 이 네 가지 사물의 사진을 구분할 수 있다.

[표 3-1] 네 가지 사진을 구분할 수 있는 특징

	고양이	새	비행기	자동차
특징1: 날개 유무	없음	있음	있음	없음
특징2: 눈 유무	있음	있음	없음	없음

그렇다면 이 두 가지 특징을 이미지에서 어떻게 추출할까? 인간에게 있어서 이 과정은 매우 간단하다. 이미지를 한 번 보는 것만으로도 인간의 두뇌는 이런 특징을 추출할 수 있다.

그러나 컴퓨터에 있어서 이미지는 특정한 방식으로 저장된 일련의 데이터이다. 컴퓨터로 하여금 일련의 계산으로 이런 데이터 속에서 '날개의 유무'와 같은 특징을 추출하는 것은 매우 어려운 일이다([그림 3-5] 참조).

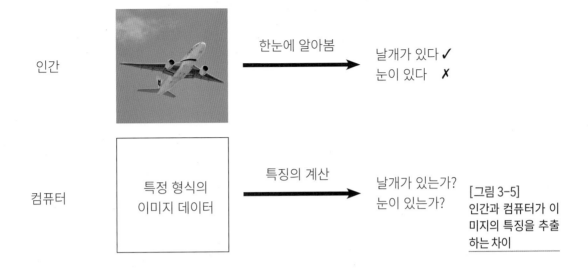

인간	한눈에 알아봄 →	날개가 있다 ✓ 눈이 있다 ✗
컴퓨터	특정 형식의 이미지 데이터 특징의 계산 →	날개가 있는가? 눈이 있는가?

[그림 3-5]
인간과 컴퓨터가 이
미지의 특징을 추출
하는 차이

    딥러닝(Deep learning) 이전에도 이미지의 특징에 대한 설계는 컴퓨터 비전(Computer Vision) 분야의 중요한 연구 과제였다. 해당 분야의 초기에 사람들은 수동(手動)으로 여러 이미지의 특징을 설계하였다. 이런 특징들은 이미지의 색상, 가장자리(edge), 텍스처(texture) 등 기본적인 성질을 설명한다. 여기에 머신러닝 기술을 결합함으로써 객체 인식(object recognition)과 객체 탐지(object detection) 등 실제 문제를 해결할 수 있었다.

    이미지를 컴퓨터에서 3차원 텐서로 표시할 수 있다면, 이미지에서 특징을 추출하는 것은 이 3차원 텐서에 대하여 연산하는 과정이다. 그중 매우 중요한 연산이 바로 합성곱(Convolution)이다.

합성곱 연산

    합성곱 연산은 이미지 처리 및 기타 여러 분야에서 응용된다. 합성곱은 사칙 연산과 마찬가지로 수학 연산의 일종이다. 벡터, 매트릭스 혹은 3차원 텐서 모두 합성곱 연산이 가능하다. 먼저 벡터의 합성곱부터 시작해 합성곱의 기본 순서를 설명하고, 다시 매트릭스와 3차원 텐서를 설명하겠다.

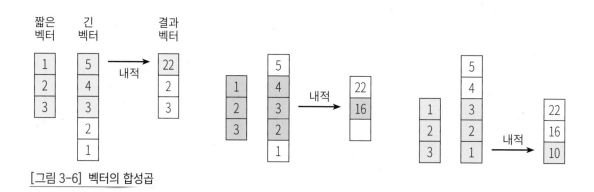

[그림 3-6] 벡터의 합성곱

두 벡터의 합성곱(convolution) 결과는 여전히 하나의 벡터이다. 계산 과정에서 원소를 제거한다. 그리고 차원 수가 같아진 이 두 벡터의 내적을 계산한 다음, 얻은 결과를 결과 벡터의 첫 번째 원소로 삼는다.

짧은 벡터가 [그림 3-6]과 같다면, 우선 두 벡터의 첫 원소부터 일치시키고 긴 벡터의 잉여 부분을 한 칸 내려서 원래 긴 벡터와 대응하지 않는 잉여 원소를 제거하고 내적을 계산한다. '한 칸 내리기, 대응하지 않는 잉여 부분 제거, 내적(內積) 계산'의 과정을 짧은 벡터의 마지막 칸이 긴 벡터의 마지막 칸과 대응될 때까지 반복한다. 이후 두 벡터의 합성곱 결과를 얻게 된다.

특별한 상황으로써 두 벡터의 길이가 같을 경우 한 칸씩 내리는 과정이 불필요하다. 합성곱의 결과는 길이가 1인 벡터이며, 결과 벡터 중의 원소가 바로 이 두 벡터의 내적이다.

보충학습: 벡터 간 합성곱의 수학적 설명

벡터 간 합성곱 연산의 과정을 수학적 언어로 설명할 수 있다. 차원 수가 m 인 벡터 $a=(a_1, a_2, \cdots, a_m)$과 차원 수가 $n(n \geq m)$인 벡터 $b=(b_1, b_2, \cdots, b_n)$를 합성곱 연산한 결과는 차원 수가 $n-m+1$인 벡터 $c=(c_1, c_2, \cdots, c_{n-m+1})$이며 동시에 임의의 $i \in \{1, 2, \cdots, n-m+1\}$에 대해 $c_i = \sum_{k=1}^{m} a_k b_{k+i-1} = a_1 b_i + a_2 b_{i+1} + \cdots + a_m b_{i+m-1}$ 가 있음을 만족해야 한다. 일반적으로 '*' 부호로 합성곱 연산을 표시한다. 예를 들면 앞에 보여 준 예시 [그림 3-6]에서의 합성곱 연산을 $(1, 2, 3) *$ $(5, 4, 3, 2, 1) = (22, 16, 10)$ 이렇게 표시할 수 있다.

위의 정의에서 합성곱 결과의 차원 수는 일반적으로 긴 벡터보다 낮다는 것을 알 수 있다. 어떤 경우에는 합성곱 후의 차원 수가 긴 벡터와 일치하도록 하기 위해 긴 벡터의 양쪽 끝에다 0을 첨가하여 $(0, 5, 4, 3, 2, 1, 0)$이 되도록 한 다음 다시 합성곱 연산을 한다. 그러면 차원 수가 여전히 5인 결과 벡터를 얻을 수 있다.

이와 유사하게 매트릭스의 합성곱을 정의할 수 있다. 그 전에 일단 내적(內積) 연산을 매트릭스에 확장해야 한다. [그림 3-7]에서 볼 수 있듯이 모양이 같은 두 매트릭스의 내적은 각각 대응되는 위치의 숫자들끼리 서로 곱한 다음 모두 합한 것과 같다.

$$\begin{array}{|c|c|} \hline 1 & 3 \\ \hline 2 & 4 \\ \hline \end{array} \; \cdot \; \begin{array}{|c|c|} \hline 0 & 3 \\ \hline 5 & 1 \\ \hline \end{array} \qquad = 1 \times 0 + 3 \times 3 + 2 \times 5 + 4 \times 1 = 23$$

[그림 3-7]
매트릭스 내적 계산

벡터의 합성곱 [그림 3-6]을 할 때 한 방향으로 내리면 되었으나 매트릭스의 합성곱 [그림 3-8]을 할 때는 가로 방향과 세로 방향으로 모두 움직여야 한다.

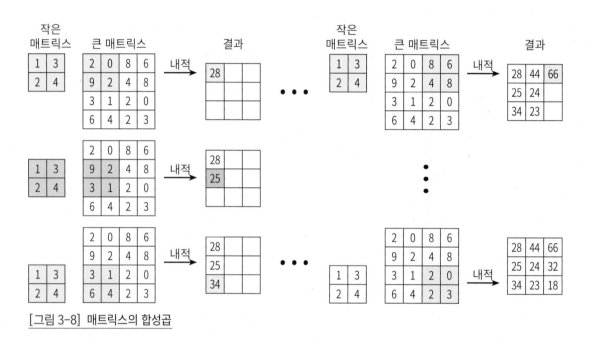

[그림 3-8] 매트릭스의 합성곱

3차원 텐서 간의 합성곱 [그림 3-9]도 이와 마찬가지로 정의할 수 있다. 여기서는 간단한 경우만을 논의하겠다. 관심이 있다면 3차원 텐서의 일반 형식을 연구해 보자. 두 텐서의 채널 수가 같다면, 매치시키는 움직임은 매트릭스의 합성곱과 마찬가지로 가로와 세로 두 방향으로만 움직이면 된다. 합성곱의 결과는 채널 수가 1인 3차원 텐서이다.

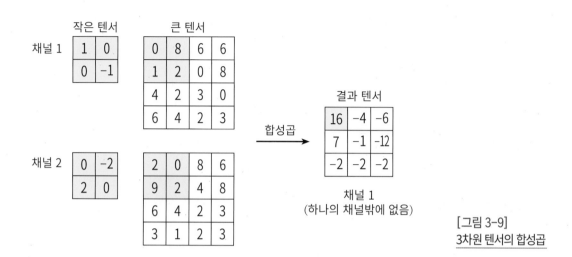

[그림 3-9]
3차원 텐서의 합성곱

합성곱으로 이미지 특징 추출하기

합성곱 연산은 이미지 처리에 널리 응용되고 있으며 수많은 이미지 특징 추출 방법에 합성곱이 사용된다. 그레이 스케일 이미지를 예로 들어 보자. 컴퓨터에서 그레이 스케일 이미지는 하나의 정수(整數) 매트릭스로 표시된다. 만약에 크기가 비교적 작은 매트릭스로 해당 이미지 매트릭스와 합성곱 연산을 한다면 새로운 매트릭스를 얻을 수 있고 이 새로운 매트릭스를 새로운 이미지로 볼 수 있다.

다시 말하면 합성곱 연산으로 기존 이미지를 새로운 이미지로 변환할 수 있다는 뜻이다. 변환된 새로운 이미지는 기존 이미지보다 일부 성질에 대해 더 뚜렷하게 표시할 수 있기 때문에 이를 기존 이미지의 특징으로 볼 수 있다. 여기에 사용되는 작은 매트릭스를 합성곱 커널(convolution kernel)이라고 한다.

일반적으로 이미지 매트릭스 중의 원소는 모두 0과 255 사이에 있는 정수이다. 그러나 합성곱 커널 중에 있는 원소는 임의의 숫자도 가능하다.

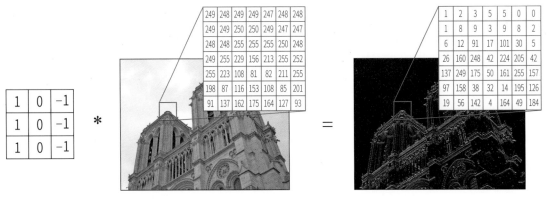

[그림 3-10] 합성곱으로 세로 방향의 가장자리를 추출함

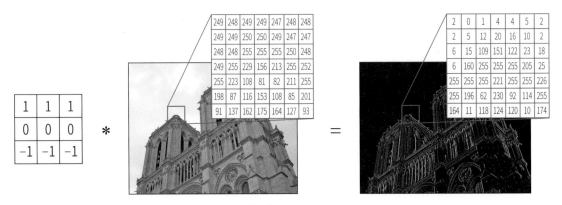

[그림 3-11] 합성곱으로 가로 방향의 가장자리를 추출함

합성곱을 사용해 이미지의 가장자리 특징을 추출할 수 있다. 가장자리가 없는 평편한 구역에서는 이미지의 픽셀 변화가 상대적으로 작다. 그러나 가로 방향 가장자리의 위아래 양측의 픽셀 차이와 세로 방향 가장자리의 좌우 양측의 픽셀 차이는 뚜렷하다. [그림 3-10]의 예시에

서 1, 0, −1로 구성된 세 행의 합성곱 커널로 기존 이미지와 합성곱 연산을 하여 기존 이미지에서 세로 방향의 가장자리를 추출할 수 있다. [그림 3-11]의 예시에서는 1, 0, −1로 구성된 세 행의 합성곱 커널로 이미지에서 가로 방향의 가장자리를 추출하였다. 이 두 번의 합성곱 연산은 기존 이미지의 파라미터 3×3 매트릭스 영역 내의 좌우 픽셀 또는 상하 픽셀의 차이 값(연산 결과를 이미지의 형식으로 나타내기 위해 연산 결과에 대해 절댓값을 취함)을 각각 계산한 것이다. 이러한 뺄셈 연산으로 이미지 속에서 서로 다른 가장자리 특성을 추출할 수 있다.

더 복잡한 이미지에서 효과적 특징을 추출하기 위해 기울기 방향 히스토그램(Histogram of Oriented Gradient, HOG)을 일반적으로 사용한다. 사물 인식과 개체의 검출 면에서 효과적으로 응용되고 있다. 기울기 방향 히스토그램은 가장자리 검출 기술과 일부 통계학의 방법으로 이미지 속 개체의 윤곽을 표시할 수 있다. 개체마다 윤곽이 다르기 때문에 기울기 방향 히스토그램 특성으로 이미지 속의 서로 다른 개체를 구분할 수 있다([그림 3-12] 참조).

기울기 방향 히스토그램의 추출 과정은 두 개의 주요 순서가 포함된다. 우선 합성곱 연산으로 이미지에서 가장자리 특징을 추출하고, 이어서 이미지를 일정한 영역으로 나눈 다음 가장자리 특징을 방향과 전체 너비에 따라 통계하여 히스토그램을 형성한다. 나중에 모든 구역의 히스토그램을 다시 병합하면 특징 벡터가 형성한다. 구체적인 과정은 상대적으로 복잡하므로 여기에서는 생략하도록 한다.

[그림 3-12] 모양이 서로 다른 물체의 기울기 방향 히스토그램

※ CIFAR 10 데이터 세트: 머신러닝용 이미지 분류 데이터 세트(10class, 32*32 크기의 6만 개 이미지로 구성)

※ CIFAR 100 데이터 세트: 머신러닝용 이미지 분류 데이터 세트(100class로써 20개 superclass로 분리, 500개는 학습 데이터, 각 100개 데이터 세트로 구성)

※ ResNet18: 18개층으로 이루어진 ResNet으로 CNN네트워크임(컨볼류션신경망)

※ 툴킷(도구, Toolkit)은 AI 개발 학습 도구는 구글 제공(mblock.makeblock.com) 활용

[실험 3-1] 이미지 특징을 이용하여 이미지 분류하기

이 실험에서 기울기 방향 히스토그램과 멀티클래스 서포트 벡터 머신(Multiclass support vector machine) 분류기를 이용하여 CIFAR 10 데이터 세트에서 이미지 분류 작업을 완성할 것이다. CIFAR 10은 자주 사용되는 이미지 분류 데이터 세트로써 캐나다 고등연구원의 인공지능 과학자들이 수집하고 정리한 것이다. 해당 데이터 세트는 10가지 부류의 이미지가 총 6만 장이 포함되어 있다.

1. CIFAR 10 데이터 세트를 관찰하여 서로 다른 부류의 이미지에 대해 기본적으로 이해하도록 한다. 그리고 훈련 세트와 테스트 세트를 구분한다.

2. 학습용 AI 개발 도구인 툴킷(mblock.makeblock.com)이 제공하는 함수를 이용해 모든 이미지의 기울기 방향 히스토그램을 추출한다. 그리고 개발 도구의 데이터로 기울기 방향 히스토그램을 시각화한다.

3. 훈련 세트에서 추출한 기울기 방향 히스토그램을 이용해 서포트 벡터 머신 분류기의 훈련을 완성하고 훈련 세트의 분류 정확도를 기록한다.

4. 훈련이 완성된 서포트 벡터 머신 분류기를 이용해 테스트 세트를 기울기 방향 히스토그램으로 분류하고 테스트 세트의 분류 정확도를 기록한다.

3.2 심층 신경망에 기반한 이미지 분류

특징 설계에서 특징 학습까지

앞의 학습과 실험에서 서포트 벡터 머신 분류기와 기울기 방향 히스토그램 특징을 이용한 이미지 분류 작업을 배웠지만, 분류의 정확도는 그다지 만족스럽지 못했다. 컴퓨터 비전 분야에서 인공으로 설계한 이미지 특징을 이용한 이미지 분류 정확도는 이미 한계에 이르렀다는 문제가 있었다.

Image Net 챌린지는 컴퓨터 비전 분야의 세계적인 경기로서 경기 미션 중 하나는 컴퓨터가 자동으로 1,000종류의 이미지를 분류하는 것이었다. 2010년 첫 회 Image Net 챌린지에서 우승팀은 두 종류의 특징으로 수동 설계한 서포트 벡터 머신을 사용하여 28.2%의 오류율을 기록했다. 2011년의 경기에서는 더 뛰어난 특징 설계로 우승팀의 오류율은 25.7%까지 낮춰졌다. 그러나 인간에게 있어서 이런 '인공지능 시스템'은 '스마트'와는 거리가 멀게 느껴졌다. 경기용 데이터를 인간에게 주어 식별하게 하면 오류율은 5.1%로써 당시 제일 앞선 분류 시스템보다 20%나 앞선다([그림 3-13] 참조).

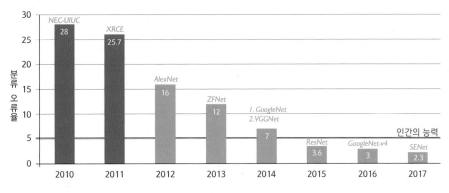

[그림 3-13]
Image Net 챌린지
연도별 성적

더 뛰어난 이미지 특징을 추출할 수는 없을까? 가능성이 있기는 하지만 전문 지식과 창의력을 겸비한 컴퓨터 연구자와 엔지니어들이 수년 동안 연구하고 시도해야 하고 심지어 운도 따라줘야만 가능한 경기였다. 특징 설계의 어려움은 컴퓨터 비전 분야 발전의 발목을 단단히 잡고 있었다.

그러나 2012년의 Image Net 챌린지에서 토론토대학팀이 사람들에게 놀라운 결과를 가져다주었다. 그들은 처음으로 심층 신경망(Deep neural network)을 사용하여 단번에 이미지 분류의 오류율을 10%나 낮추어서 정확도 84.7%를 기록하였다. 이를 시작으로 Image Net 챌린지는 심층 신경망의 무대가 되었다. 불과 3년 후 마이크로소프트연구소팀이 새로운 네트워크 구조(network structure)를 이용해 오류율을 4.9%로 낮추면서 처음으로 인간을 초월하였다. 2017년에 이르러서는 이미지 분류의 오류율은 2.3%에까지 도달하였다. 2017년은 Image Net 챌린지의 마지막 해가 되었다. 심층 신경망이 이미지 분류 문제를 훌륭하게 해결했기 때문이다.

심층 신경망이 이처럼 뛰어난 능력을 갖춘 이유는 이미지 속에서 효과적인 특징을 자동으로 학습하기 때문이다. 이미지 분류의 문제에서 수동으로 설계한 특징은 '날개의 유무' 또는 '눈의 유무'와 같은 높은 수준의 추상적인 개념을 직접 묘사하는 것이 어렵다. 그러나 심층 신경망이 나타난 후에는 모든 것이 가능해졌다. 컴퓨터 비전의 여러 분야에서 심층 신경망이 학습한 특징은 점차 수동 설계 특징을 대신했으며 인공지능도 더욱 '스마트'해졌다.

심층 신경망의 출현은 인공지능 시스템의 복잡성(complexity)도 낮추어 주었다. [그림 3-14]에서처럼 기존의 모델 분류 시스템에서 특징 추출과 분류는 두 개의 독립적인 단계이지만, 심층 신경망은 두 단계를 하나로 통합시켰다. 한 이미지를 신경망에 입력하면 특징 추출과 분류를 따로 진행할 필요 없이 바로 이미지 종류의 예측을 얻을 수 있다. 이런 측면에서 본다면 심층 신경망은 기존의 모델을 완전히 뒤엎은 것이 아니라 개량하고 강화시킨 것이라고 할 수 있다.

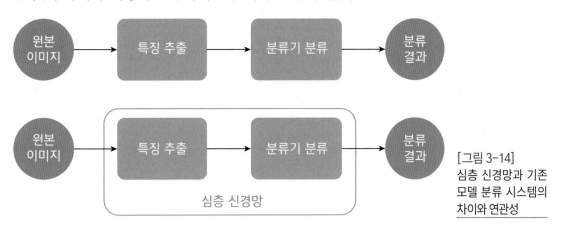

[그림 3-14]
심층 신경망과 기존 모델 분류 시스템의 차이와 연관성

심층 신경망의 구조

하나의 심층 신경망은 보통 여러 개의 순서대로 연결된 층(layer)으로 구성된다. 첫 층은 일반적으로 이미지를 입력으로 삼아 특징 연산을 함으로써 이미지에서 특징을 추출한다. 이어서 각 층은 첫 층에서 추출한 특징을 입력으로 삼아 특정 형식으로 변환함으로써 좀 더 복잡한 특징을 획득한다. 이처럼 여러 층으로 나누어 특징을 추출하는 과정은 누적할 수 있기 때문에 신경망에 더욱 막강한 특징 추출 능력을 부여한다. 수많은 층에서의 변환을 거치고 나면 신경망은 원본 이미지를 높은 수준의 추상적 특징을 사용해 분류할 수 있다.

간단한 것에서 복잡한 것으로, 낮은 수준에서 높은 수준으로의 추상화 과정은 생활 속에서도 체험할 수 있다. 영어 학습 과정을 예로 들면 알파벳의 조합을 통해 단어를 획득하고, 또 단어의 조합을 통해 문장을 획득하고, 문장을 분석함으로써 말의 뜻을 이해하고, 말의 뜻을 이해함으로써 표현하고자 하는 생각과 목적에 도달할 수 있다. 이 중에 말의 뜻이나 생각 등이 바로 더 높은 수준의 추상적 특징이다.

이제 심층 신경망의 구조에 대한 직관적인 체험을 위해 신경망에 관한 구체적 예시를 보도록 하자. 신경망에는 합성곱층, 비선형 활성화층, 풀링층, 완전 연결층, softmax 정규화 지수층 등의 개념들이 나타나는데 뒤에서 하나씩 설명하도록 한다. [그림 3-15]는 2012년에 Image Net 챌린지에서 우승을 한 Alex Net 신경망을 나타내고 있다. 이 신경망은 5개의 합성곱층과 3개의 완전 연결층으로 구성되어 있다. 5개의 합성곱층은 신경망의 앞쪽에 위치하며 특징 추출을 위해 순서대로 이미지를 변환한다. 1, 2, 5번째 합성곱층 뒤에는 맥스풀링층(Max pooling Layer)이 연결되어 특징 맵(feature map)의 해상도 비율을 낮추는 역할을 한다.

5개의 합성곱층 및 연결된 비선형 활성화층, 풀링층을 거치고 나면 특성 맵은 4,096차원의 특징 벡터로 변환된다. 그리고 다시 완전 연결층과 ReLU층의 변환을 거치고 나면, 최종 특징 벡터가 된다. 그리고 또 다시 완전 연결층과 softmax 정규화 지수층을 거치고 나면, 원본 이미지를 분류한 예측 결과를 얻는다.

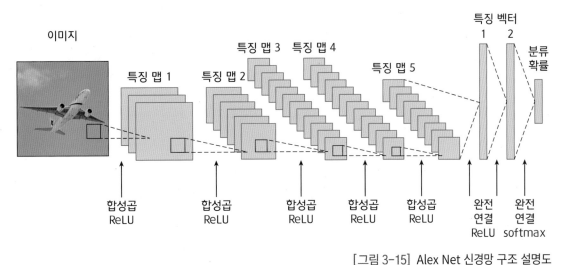

[그림 3-15] Alex Net 신경망 구조 설명도

합성곱층

합성곱층(convolutional layer)은 심층 신경망으로 이미지 처리를 할 때 자주 사용하는 층이다. 하나의 심층 신경망이 합성곱층을 기준으로 할 경우 합성곱 신경망(Convolutional neural network, CNN)이라고 한다.

신경망 속의 합성곱층은 바로 합성곱 연산으로 원본 이미지 또는 위층에서 처리한 특징에 대해 변환을 진행하는 층이다. 앞에서 가장자리 특성을 추출하는 방법을 배웠으며, 특징의 합성곱 커널이 이미지에 대해 특징의 변환을 하여 가로 방향의 가장자리 또는 세로 방향의 가장자리와 같은 특징을 추출할 수 있음을 알게 되었다. 하나의 합성곱층에서 원본 이미지에 대한 여러 형식의 특징을 추출하기 위하여 여러 개의 합성곱 커널을 사용해 입력한 이미지를 여러 가지 합성곱으로 처리한다([그림 3-16] 참조). 하나의 합성곱 커널은 채널 수가 1인 3차원 텐서 하나를 획득할 수 있고, 여러 개의 합성곱 커널은 채널 수가 1인 3차원 텐서를 획득할 수 있다. 이 결과들을 다른 채널로 조합하면 새로운 3차원 텐서를 얻을 수 있고, 이 3차원 텐서의 채널 수는 바로 사용된 합성곱 커널의 수이다. 각 채널은 모두 원본 이미지에서 추출한 특징의 한 종류이므로 이 3차원 텐서를 특징 맵(feature map)이라고 한다. 이 특징 맵이 바로 합성곱층의 최종 출력이다.

특징 맵과 컬러 이미지는 모두 3차원 텐서이며, 모두 여러 개의 채널이 있다. 따라서 합성곱층은 이미지에 작용할 뿐만 아니라 기타 층이 출력한 특징 맵에도 작용한다. 일반적으로 하나의 심층 신경망의 첫 번째 합성곱층은 이미지를 입력으로 하고, 그다음의 합성곱층은 이전 층이 출력한 특징 맵을 입력으로 한다.

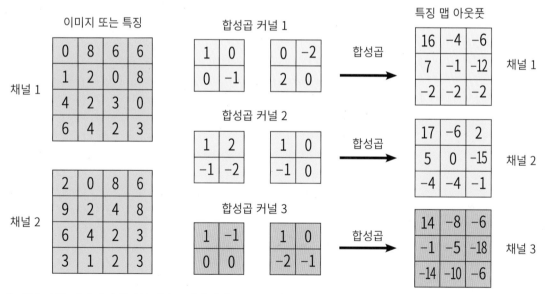

[그림 3-16] 여러 개의 합성곱 커널로 여러 가지 특징을 추출하고, 채널의 특징 맵을 조합함

완전 연결층

이미지 분류 작업 중 입력한 이미지는 일련의 합성곱층을 거치고 나서 얻은 특징 맵을 특징 벡터로 변환한다. 이 특징 벡터에 대해 변환을 진행해야 할 경우 자주 사용되는 것이 바로 완전 연결층(Fully connected layer)이다.

완전 연결층에서는 유사 차원의 벡터를 사용하여 입력된 벡터와 내적(內積)을 진행한 다음 모든 결과를 하나의 벡터로 조합하여 출력한다. 구체적으로 설명하면 하나의 완전 연결층이 벡터 X를 입력으로 삼았다고 가정할 경우 총 K개의 차원 수가 같은 파라미터 벡터 W_k를 X와 내적(內積) 연산을 한 다음, 각각의 결과에 한 개의 스칼라(scalar) b_k를 합한다. 다시 말하면 $y_k = X \cdot W_k + b_k$에 대한 연산을 완성하는 것이다. 마지막으로 K개의 스칼라 결과인 y_k로 벡터 Y를 조합하여 해당 층을 출력으로 한다.

소프트맥스층

소프트맥스층(softmax layer)의 적용은 다중 선형 분류기 중의 소프트맥스 함수를 계산하는 것이다. 구체적으로 설명하면, 입력 벡터 $X = (x_1, x_2, \cdots, x_n)$에 대해 n개의 스칼라 값 $y_k = \dfrac{e^{x_k}}{e^{x_1} + \cdots + e^{x_n}}$를 계산하고, 이를 벡터 $Y = (y_1, y_2, \cdots, y_n)$로 조합하여 출력하는 것이다.

소프트맥스층은 일반적으로 분류를 담당하는 신경망의 마지막 층으로써 길이와 종류 개수가 같은 특징 벡터(해당 특징 벡터는 일반적으로 완전 연결층의 출력으로부터 온다)를 입력으로 하며, 이미지가 각 종류별 확률로 출력된다.

비선형 활성화층

일반적으로 각각의 합성곱층과 완전 연결층 뒤에는 하나의 비선형 활성화층(non-linear activation layer)이 연결된다. 무엇 때문일까? 사실 합성곱층과 완전 연결층에서의 연산은 전부 독립변수에 관한 함수는 선형 함수(linear function)이다. 선형 함수는 여러 개의 선형 계산이 하나로 합쳐 있지만 여전히 선형이라는 성질이 있다. 다시 말하면, 오로지 합성곱층과 완전 연결층만을 직접적으로 겹쳐 놓음으로써 입력된 이미지에 일으키는 효과는 하나의 완전 연결층만으로도 대신할 수 있다. 이 때문에 많은 층을 겹쳐 놓더라도 각 층에서의 변환 효과는 결국 하나로 합쳐진다. 따라서 매번 선형 연산 후에 바로 비선형(non-linear) 연산을 한번 해 준다면, 매번 변환시킨 효과는 보류된다. 비선형 활성화층의 형식은 여러 종류가 있는데, 기본 형식은 우선 비선형 함수를 선정하고, 그다음 특징 맵이나 특징 벡터의 파라미터에 대해 해당 비선형 함수를 응용하여 출력을 획득하는 것이다. 자주 사용되는 비선형 함수는 아래와 같다.

• 로지스틱 함수(logistic function) ([그림 3-17] 왼쪽)

$$s(x) = \frac{1}{1+e^{-x}}$$

- 쌍곡선 탄젠트 함수(hyperbolic tangent function) ([그림 3-17] 가운데)

$$\tanh(x) = \frac{e^x - e^{-x}}{e^{-x} + e^{-x}}$$

- ReLU 선형 함수(rectified linear function) ([그림 3-17] 오른쪽)

$$\text{ReLU}(x) = \begin{cases} 0, & x < 0 \\ x, & x \geq 0 \end{cases}$$

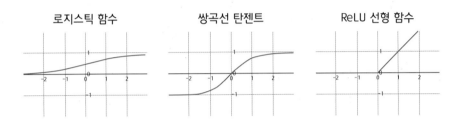

[그림 3-17]
서로 다른 비선형 활성화 함수

ReLU 선형 함수로 구성된 비선형 활성화층(ReLU층이라 약칭)을 예로 들면 입력된 특징 벡터 또는 특징 맵 중의 0보다 작은 원소를 0으로 변환시키고, 기타 원소의 값은 변환시키지 않음으로써 출력을 획득한다. ReLU의 계산은 아주 간단하므로 계산 속도가 기타 비선형 활성화층보다 훨씬 빠르며, 또한 실제 응용 효과도 좋아서 심층 신경망에 널리 사용된다.

풀링층

합성곱을 계산할 때에 합성곱 커널이 이미지나 특성 맵의 각 픽셀을 거쳐 간다. 가령 이미지나 특징 맵의 해상도가 크면 합성곱층의 계산량은 매우 클 것이다. 이 문제를 해결하기 위해 일반적으로 몇 개의 합성곱층 뒤에 풀링층(pooling layer)을 하나 삽입하여 특징 맵의 해상도를 낮춰 준다.

풀링층의 풀링 과정은 다음과 같다. 우선 특징 맵 채널에 따라 나누어서 일정 수의 매트릭스를 획득한다. 그다음 각 매트릭스를 크기가 같은 정사각형의 작은 조각으로 일정하게 나눈다. [그림 3-18]을 예로 들면, 4×4의 매트릭스를 네 개의 2×2인 정사각형 블록으로 나눈다. 이어서 각 블록의 최댓값 혹은 평균값을 취하여 그 결과로 새로운 매트릭스를 조합한다. 마지막으로 모든 채널에서 새로 조합한 매트릭스를 순서대로 한 곳에 겹쳐서 3차원 텐서를 형성한다. 이 3차원 텐서가 바로 풀링층의 출력이다. 각 블록의 최댓값을 선택하면 맥스 풀링층(Max pooling Layer)이라 하고, 평균값을 취하면 평균 풀링층(average pooling layer)이라고 한다.

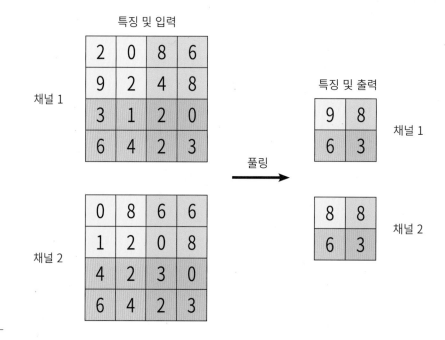

[그림 3-18]
맥스 풀링층 설명도

[그림 3-18]에서처럼 풀링을 거치고 나면 특징 맵의 길이와 너비 모두 원래의 1/2로 줄어들고, 특징 맵의 원소 수는 원래의 1/4로 줄어든다. 일반적으로 합성곱층 뒤에 풀링층을 추가한다. 이처럼 일정량의 합성곱층 및 풀링층의 조합을 거치고 나면 채널 수를 고려하지 않는 상황에서 특징 맵의 매트릭스는 입력된 이미지의 매트릭스보다 작아지고, 계산량과 파라미터 수도 적게 소요된다.

인공 신경망과 생물학적 신경망

인공 신경망은 생물학적 신경망(biological neural network)으로부터 아이디어를 얻어서 시작하였다. 생물학적 신경망은 억 단위의 뉴런(neuron)이 서로 연결되어 이루어진 것이다. 인간이 생각하거나 외부의 자극에 반응할 때 뉴런은 서로 정보를 주고받는다. 인공 뉴런은 생물학적 뉴런의 수학적 모델이다. 인공 뉴런을 기본 단위로 하여 합성곱층, 완전 연결층, 비선형 활성화층 등을 구성하고, 나아가 인공 신경망을 구성한다. 이런 연관성 때문에 특징 맵이나 특징 벡터의 각 원소를 뉴런이라고도 하며 원소의 값을 뉴런의 반응이라고 한다.

그러나 인공 뉴런은 단지 생물학적 뉴런의 수학적 모델일 뿐 생물학적 뉴런의 복잡한 행위를 정확하게 설명하지는 못한다. 머신러닝 분야에서 인공 신경망의 연구 중심은 주로 특정 인공지능 작업에만 국한되며 실제 응용에서도 주요 인공 신경망은 생물학적 신경망과는 직접적인 관련이 없다.

인공 신경망 훈련

분류기는 훈련을 거쳐야만 서로 다른 범주의 특징 벡터를 구분할 수 있으며, 심층 신경망도 훈련을 거쳐야만 효과적인 이미지 특징을 학습할 수 있게 된다. 이미 알고 있듯이 실제 훈련은 최적의 파라미터를 찾는 과정이다. 선형 분류기 중에서 파라미터는 모든 선형 함수의 모든 계수를 포함한다. 신경망 중에서는 합성곱층의 모든 합성곱 커널 원소의 값, 완전 연결층의 모든 내적 연산의 계수 등이 파라미터이다. 아이리스의 2차원 벡터를 두 종류로 나누기 위해서는 세 개의 파라미터만 훈련하면 된다. 그렇지만 Alex Net에서는 학습해야 하는 파라미터가 6,000만 개에 달해 선형 분류기의 훈련보다 훨씬 어렵다. 신경망 훈련 문제에 대해 인공지능 과학자들은 역전파(back propagation) 알고리즘([그림 3-19])을 제시하였다. 이는 신경망을 훈련하는 가장 효과적인 방법의 하나이다.

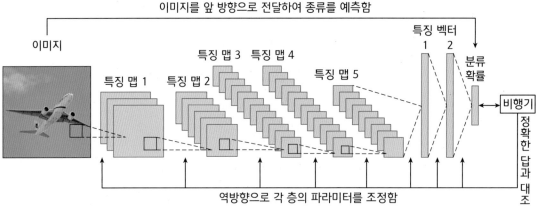

[그림 3-19] 역전파 알고리즘 설명도

매번 훈련 이미지를 하나의 신경망에 입력하여 층마다 계산을 거쳐 최종으로 각각의 종류에 해당하는 확률을 얻고 나면, 예측 결과를 정확한 답과 대조한다. 예측 결과가 만족스럽지 못하면 마지막 층부터 시작해 층마다 신경망 파라미터를 조정하여 신경망이 해당 훈련 샘플에 대해 더 훌륭한 예측을 하도록 한다. 이처럼 뒤에서부터 앞으로 파라미터를 조정하는 방법을 역전파 알고리즘이라고 한다. 구체적인 조정 알고리즘은 기울기를 계산하는 체인 룰(chain rule)과 확률적 경사 하강법(stochastic gradient descent) 등의 더 복잡한 지식을 다루어야 하기 때문에 여기서 상세한 내용은 생략한다.

[실험 3-2] 심층 신경망으로 이미지 분류하기

심층 신경망으로 기존의 분류기를 대신하여 앞에서 사용했던 CIFAR 10 데이터 세트로 이미지 분류 작업을 완성한다. 이 작업은 간단한 ResNet18 신경망으로 완성하도록 한다.

1. 툴킷이 제공하는 함수를 이용해 ResNet18의 신경망 구조도를 그린다. 관찰을 통해 AlexNet과의 차이를 찾아낸다.

2. 툴킷이 제공하는 함수와 CIFAR 10의 훈련 세트를 이용해 ResNet18 신경망 하나를 훈련하고 훈련 세트의 분류 정확도를 기록한다.

3. 툴킷이 제공하는 함수를 이용해 첫 번째 합성곱층의 합성곱 커널을 시각화한다. 이 합성곱 커널을 사용해 이미지에 합성곱 연산을 하면 이미지에 어떤 효과를 일으킬지 생각해 본다.

4. 무작위로 이미지 한 장을 선택하여 신경망에 입력하고 툴킷이 제공하는 함수를 이용해 층마다 출력한 특징 맵에 대해 시각화하면서 특징 맵의 변화 과정을 체험한다.

5. 툴킷이 제공하는 함수를 이용해 신경망이 학습한 특징을 시각화하고 신경망의 계층화 특징 추출의 개념을 이해한다.

6. CIFAR 10의 테스트 세트를 이용해 훈련이 완성된 ResNet18 합성곱 신경망을 테스트하고, 테스트 세트의 분류 정확도를 기록한다.

7. 심층 신경망과 기존 분류 시스템의 분류 정확도를 비교한다.

※ 툴킷(도구, Toolkit)은 AI 개발 학습 도구는 구글 제공(mblock.makeblock.com) 활용

3.3 심층 신경망의 발전과 과제

딥러닝의 '딥'

딥러닝의 '딥(deep)'은 신경망의 층수가 많음을 의미할 뿐만 아니라 모델의 파라미터가 많음을 의미하기도 한다. 파라미터가 더 많은 모델은 학습 및 조정(調整) 공간이 더욱 크고 표현력이 더 강하다는 것을 의미한다. 심지어 "테스트의 오류율이 여전히 낮아지고 있다면 끊임없이 심층 신경망의 층수를 추가함으로써 그 결과를 개선할 수 있다."라고 설명하는 사람도 있다.

심층 신경망 모델이 빠르게 향상할 수 있는 것은 신경망 구조가 끊임없이 복잡해지고 신경망의 층수가 끊임없이 증가하는 것과 불가분의 관계이다. [그림 3-20]에서 볼 수 있듯이, 2012년에 기존의 모델을 10% 넘어서는 AlexNet는 5개의 합성곱층이 있고, 2016년의 PolyNet은 500여 개의 합성곱층이 있다.

현대의 신경망 설계가 가로 방향으로만 층수를 늘리고 합성곱층의 수가 신경망의 층수와 비슷하지만(그런 간단한 형식이 아니기는 하지만), 전체적으로는 층수가 많을수록 신경망은 더욱 '딥'한 규칙을 따르고 있다.

현재 컴퓨터 비전 분야에서는 더욱 심층화된 신경망도 흔히 볼 수 있다. 이처럼 깊고 복잡한 신경망은 관련 분야의 작업에서 과거의 최고 기록을 끊임없이 갈아치우며 계속해서 놀라움을 주고 있다.

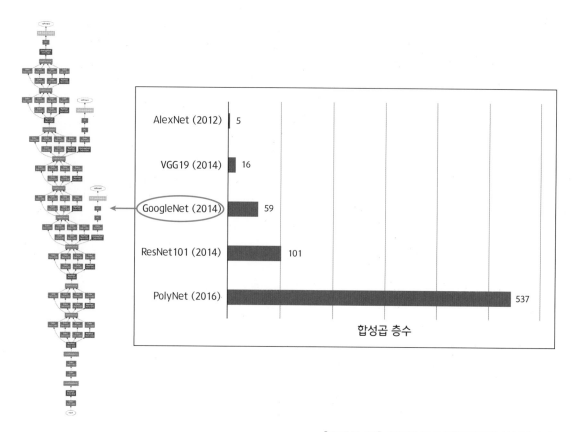

[그림 3-20] 연도별 주요 네트워크와 합성곱 층수

딥러닝의 추진력

세상에는 이유 없는 성공이 없듯이 딥러닝에 대한 뜨거운 관심과 과학 자체의 발전과 관련이 있을 뿐만 아니라 외부의 추진력과도 관련이 있다.

여기에서 두 가지 상대적으로 중요한 요인인 데이터와 계산 능력에 대해 살펴보도록 한다.

[그림 3-21]
딥러닝의 추진기:
데이터와 계산 능력

데이터

정보 혁명의 시작과 더불어 인터넷의 데이터는 기하급수적으로 성장하였다. 데이터가 대량으로 쏟아져 나오면서 기존의 데이터 처리 방식으로는 더 이상 이를 분석하고 처리하기가 어려워졌다. 그러나 이처럼 어려워 보이는 문제가 오히려 딥러닝의 발전에 기회를 마련해 주고 있다.

데이터 기반의 과학으로서 딥러닝 모델은 훈련 데이터의 총량 및 다양성 등 특징과 불가분의 관계를 갖고 있다. 많은 정보에 기반한 딥러닝 모델일수록 실제 문제를 처리함에 있어서 더욱 뛰어나다. 그야말로 데이터는 로켓의 연료와 같이 딥러닝을 끊임없이 전진하도록 하는 추진력이다.

계산 능력

비록 인공지능 연구자들의 심층 신경망에 대한 구상이 실제로 완성하기 위해서는 반드시 하드웨어 자원이 지원되어야만 가능한 것이다. 구체적으로 말하자면 신경망의 훈련 과정은 대량의 계산 자원이 필요하고 또한 심층적이고 복잡할수록 더 많은 계산 자원이 필요하다.

복잡하고 어려운 계산 과정을 일반 CPU로는 감당하기 어려웠다. 때마침 더욱 강력한 그래픽 처리 장치(GPU)가 나타나고 지속적으로 업그레이드됨으로써 오늘날 딥러닝 열기가 달아오르는 상황이 전개된 것이다.

심층 신경망의 선구자인 AlexNet의 예를 들어 보자. ImageNet 분류 모델의 훈련을 완성하기 위해서는 16코어(core) CPU 한 개로 1개월이 넘는 시간이 필요하다. 그러나 신형 GPU를 사용하고서 2~3일밖에 걸리지 않았고 훈련의 효율성을 대폭 향상시켰다([그림 3-22] 참조).

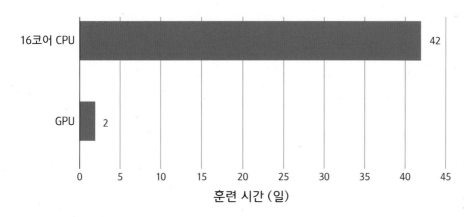

[그림 3-22]
서로 다른 하드웨어 설비로 AlexNet 훈련을 완성하는 시간 비교

심층의 '어려움'

네트워크를 끊임없이 심화하는 것만으로 성능이 더 좋은 모델을 얻을 수 있다면 딥러닝의 모든 연구는 너무나도 쉬운 것이 아니겠는가? 끊임없이 신경망을 깊이깊이 겹쳐 놓으면 될 테니 말이다. 그러나 실제 상황은 생각처럼 쉬운 것이 아니다. 사실 신경망의 층수가 증가하면 더욱 감당하기 어려운 자원이 소모할 뿐만 아니라 대응하는 작업에 있어서도 성능이 향상하지 않고 오히려 하락하는 경우가 있다. 왜 이런 현상이 발생할까? 그중의 중요한 원인을 소개해 보도록 하겠다.

과적합과 과소적합

너무 많은 층수는 많은 파라미터를 생성하고 머신러닝에서 자주 발생하는 문제인 과적합이 일어난다. 모델을 훈련하는 과정은 훈련 세트에서 완성하고, 모델의 테스트는 테스트 세트에서 완성한다. 일부 모델의 경우 훈련 세트에서는 최고의 성능을 보여 주지만, 테스트 세트에서의 결과는 별로 좋지 않거나 심지어 불합격인 경우도 있다. 복합형 모델(Complex Model)이 훈련 데이터에 너무 잘 맞추어져 있기 때문에 대량의 새로운 데이터에 대해서 결과가 좋지 못한 현상을 과적합(over fitting)이라고 한다. 수학 학습을 예로 들면, 시험에 절대 나오지 않을 이상하고 까다로운 문제, 심지어 해답조차 틀린 문제를 학습하는 경우도 있는데 그런 문제에 매달려서 풀이 과정을 달달 외운 다음 그 풀이 과정을 일반적인 문제에 적용해 풀다가 틀린 것과 마찬가지인 셈이다.

그렇다면 과소적합의 경우는 훈련 데이터와 새로운 데이터 모두 결과
가 안 좋으며, 성능에 한계가 있는 경우를 일컫는다. 이처럼 모델 자체
가 너무 간단하고 성능이 부족하여 훈련 과정의 정확도가 낮을 뿐만
아니라 끌어올릴 수도 없고 새로운 데이터에서도 결과가 만족스럽지
못한 현상을 과소적합(under fitting)이라고 한다.

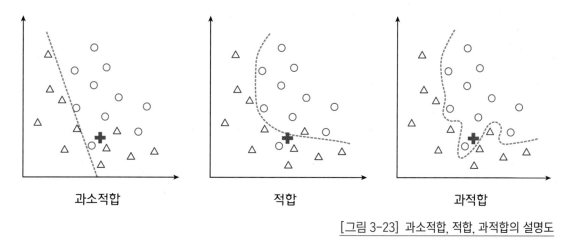

[그림 3-23] 과소적합, 적합, 과적합의 설명도

　이미지 분류 작업에서 과적합은 모델의 성능이 너무 강하여 훈련 과
정의 훈련 세트에서 분류해야 하는 샘플을 기억했을 뿐만 아니라, 훈련
세트상의 노이즈(noise)에 해당하는 정보까지도 기억한 것이라고 해석
할 수 있다. 이는 모델이 훈련 세트에서는 분류의 정확도가 매우 높게
나오고 심지어 100%까지 나오지만, 새로 입력된 데이터를 분류할 경
우 잘못된 결과를 내놓는 상황이다. [그림 3-23]에서처럼 새로 입력된
데이터(녹색+)는 빨간 세모꼴과 같은 범주여야 하는데 파란 동그라미와
같은 범주로 분류되었다. 과소적합의 경우는 파라미터가 너무 적은 탓
에 분류 대상의 특징을 완전하게 추출 및 설명하지 못하여 데이터를
'대충' 나누어 놓았기 때문에 정확도가 상대적으로 떨어진다.

그렇다면 어떻게 해야 네트워크 구조에서 층수를 증가해도 성능이 향상하고 과적합의 상황을 회피할 것인가? 신경망의 훈련에서는 늘 가중치 감소(weight decay)와 정형화(regularization) 등의 방법으로 이 문제를 해결한다. 관련 기술의 자세한 사항에 관심이 있으면 직접 관련 자료들을 찾아보길 바란다.

기울기 소실

신경망의 층수에 인한 과적합 문제를 어느 정도 해결해도 간단한 층수의 누적은 여전히 심층 신경망 모델의 문제 해결 능력을 향상하기는커녕 오히려 저하하는 문제를 발견하였다. 성능의 저하가 과적합으로 인한 문제가 아니라면 또 무슨 이유일까?

사실 신경망에서 간단한 층수의 누적은 성능에 영향을 주는 현상을 발생시키는데 이것을 바로 기울기 소실(gradient vanish)이라 한다. 그렇다면 무엇이 기울기이며, 기울기는 왜 소실될까?

제2장에서 우리는 최적화 개념을 간단하게 설명한 바 있다. 최적화의 목표는 신경망이 출력한 예측값이 목푯값에 더 접근하게 하기 위함이다. 심층 신경망의 훈련 또한 최적화 과정으로서 특정 작업에서 효과가 좋은 신경망을 찾는 것이다. 신경망 훈련 과정을 산에서 내려가는 과정에 비유한다면 최적화는 높은 산 속에서 가장 낮은 골짜기를 찾는 과정이다. 기울기는 걸어가는 한 걸음씩 최적화 방향으로 '가이드'하는 역할을 한다([그림 3-24] 참조).

[그림 3-24] 산에서 내려가기

  이런 '가이드'의 가장 직접적인 출처가 바로 모델의 출력 결과와 목
표 출력 간의 차이, 즉 오차이다. 앞에서 설명하였던 역전파 알고리즘
에서 층마다 파라미터 조정을 한 것은 바로 이런 오차의 전파로써 완
성하는 것이다. 가령 신경망이 너무 깊으면 아주 멀리 떨어진 층에서
출력한 오차는 많은 층을 거치면서 기하급수적으로 축소(혹은 확대)된
다. 만일 한 층을 지날 때마다 수치의 범위가 원래의 절반이 된다면 10
층을 거치고 나면 $0.5^{10} = 0.00097$이 되며, 11번째 층의 기울기 값은
마지막 층의 1,000분의 1이 된다는 의미이다. 이때는 기울기 값이 거
의 0에 가깝기 때문에 기울기가 역전파의 과정에서 점차 '소실'되는 것
이다. 기울기가 소실되고 나면 신경망의 최적화 과정은 '가이드'를 잃
고 좋은 결과를 얻을 수 없게 된다([그림 3-25] 참조).

[그림 3-25] 혼란에 빠진 신경망

이 문제를 해결하는 방법으로는 배치 정규화(batch normalization)와 (층을 건너뛰는) 쇼트커트(short-cut) 등이 있으며, 여기서 구체적인 내용에 관심이 있다면 직접 자료를 찾아보길 바란다.

3.4 일상에서 이미지 분류의 응용

딥러닝과 이미지 분류에 관한 지식으로 우리는 앨범 정리 외에 또 무엇을 할 수 있을까? 사실 이미지 분류 기술은 일상생활에서 흔히 볼 수 있으며 널리 응용되고 있다.

예를 들면 얼굴 인식이나 이미지 검색 등이 있다. 얼굴 인식을 예로 들어 이미지 분류와 딥러닝이 우리의 일상에 어떤 변화를 가져왔는지 살펴보도록 하자.

2014년 홍콩중문대학교팀의 연구에서 기계의 얼굴 인식 결과는 인간의 인식 수준을 뛰어넘었다. 이를 시작으로 '얼굴 인식' 또한 딥러닝 알고리즘의 연구 과제 중 하나가 되었으며 끊임없는 발전과 진화를 거쳐 가장 먼저 생활을 바꿔 놓은 딥러닝의 응용 중 하나가 되었다.

심층 신경망이 '얼굴 인식'에 도입되기 전에 기존의 머신러닝 알고리즘으로 이 문제를 해결하려고 시도한 적이 있다. 그러나 기존 알고리즘으로는 인식을 하는 과정의 정확도와 인식 효율성을 보증할 수 없었기에 응용의 단계에까지 도달할 수가 없었다. 현재 사용되고 있는 딥러닝 모델은 억만 단위의 얼굴 데이터에서 훈련한 후 투입되며 실제 사용에서 대규모 및 고정확도의 요구에 모두 부합하기 때문에 생활 속에서 널리 응용되고 있다.

얼굴 인식은 디지털 이미지 또는 동영상 속에서 '얼굴을 찾아내고 얼굴을 알아내는' 과정으로써 그중 '얼굴을 알아내는 것'이 바로 이미지 분류 작업이다. 구체적으로 모든 인식 과정은 일반적으로 얼굴 검사, 특징 추출, 얼굴 대조, 데이터 저장 및 분석 등과 같은 과정이 필요하다. 얼굴 검사는 사용자의 얼굴이 포함된 이미지를 검사하여 얼굴의 위치, 얼굴 윤곽 등의 정보를 찾아내는 것, 즉 '볼 수 있는' 과정을 완성하는 것이다. 특징 추출은 기계가 '볼 줄 알도록 하는' 과정으로써 얼굴 검사 과정에서 얻은 얼굴 부분을 분석하여 이목구비, 웃음 여부, 안경 탈착 여부 등과 같은 특징 정보를 얻는 과정이다.

이 두 과정에서 얻은 정보는 얼굴 데이터베이스 중에 이미 기록된 이미지(예를 들면 주민등록증 사진 등)와 일정한 방법으로 대조하는 데 사용되며, 이는 즉 '누구와 닮았는가?'의 문제를 해결하는 것이다. 이런 분석 결과

는 구체적인 상황에 따라 사용되고 최종 실제 응용 상황에서 서비스를
제공한다.

기계가 사람 얼굴을 '볼 수 있고', '볼 줄 알고', '인식해 내는' 것은
무슨 의미가 있을까? 구체적인 응용 사례로 딥러닝의 일반적 모델인
얼굴 인식 기술이 어떻게 생활에 변화를 주었는지 알아보자.

얼굴 인식의 시대: 생활을 더욱 편리하게

첫 번째 컴퓨터의 탄생으로부터 지금까지 인터넷 산업 발전이 가져
온 커다란 변화를 겪어 왔다. 집에 앉아 세상만사를 알 수 있는 정보화
시대에 진입한 것이다. 제프리 힌턴(Geoffrey Hinton) 등이 2006년에 딥러
닝의 개념을 제기하고 나서, 신경망을 더욱더 효율적이고 강력하게 만
드는 과학 기술의 핫 스폿(hot spot)은 짧은 침체기를 겪더니 거침없는
기세로 빠르게 생활을 바꿔 놓았으며 급기야 세상을 인공지능의 시대
로 이끌고 있다[그림 3-26 참조].

본인 인증

출입 통제

지능형 방문자 관리

편의점 결제

[그림 3-26] 얼굴 인식의 다양한 응용 상황

얼굴 인식 기술로 생활이 더욱 편리해져 가고 있음은 많은 곳에서 실감할 수 있다. 외출하여 쇼핑을 즐길 때도 더 이상 번거롭게 비밀번호를 반복적으로 입력할 필요가 없이 얼굴 인식을 하면 빠르게 결제할 수 있어서 매우 간편하다. 지하철을 탈 때도 지하철 티켓을 잃어버릴까 걱정할 필요 없이 역을 드나들 때, 자동으로 얼굴 인식을 사용해 출입할 수 있다. 이는 줄을 서서 표를 사고 줄을 서서 입구에 들어가는 번거로움도 없으므로 통과 시간을 많이 줄일 수 있다.

아침에 출근하거나 등교할 때도 입구의 얼굴 인식 시스템이 자동으로 진입한 시간을 기록하여 출근 및 등교 시간의 공정성을 보장할 수 있다. 이 밖에도 얼굴 인식으로 잠금 해제하기, 현금 찾기 등 얼굴 인식 기술의 구체적 응용 사례는 수없이 많다. 이처럼 우리 생활은 막강한 인공지능 기술의 발전과 더불어 점차 편리하고, 풍부하고, 흥미로운 새 시대로 진입하고 있다.

얼굴 인식 기술의 범죄 예방과 활용

문화재를 훔친 범인이 사람들로 붐비는 터미널에 숨어들었다. 사복 경찰들이 수색을 하고 있으나 사람이 너무 많은 탓에 뾰족한 방법이 없다. 이때 도시의 다른 곳에 있는 지휘본부에서는 고화질의 감시 카메라 영상을 디스플레이에 띄워서 관찰하고 있다. 화면 속에서는 사람들이 많아서 눈으로는 도움이 되는 정보를 찾을 수가 없다. 그러나 경찰들은 전혀 걱정하는 기색이 없다. 인공지능 기술이 모든 것을 알아서 처리하기 때문이다.

사람들 속의 모든 얼굴이 정확하게 인식되고 검사되면서 거의 실시간으로 특징 추출과 분석이 이루어지고 범죄 기록 데이터베이스 속의 수배범과의 대조가 이루어진다. 갑자기 온 지휘부가 떠나갈 듯 경고음이 울린다. "범인을 찾았다!" 독수리의 눈과 같은 얼굴 인식 기술이 사람들 속에서 정확히 범인을 찾아내어 위치까지 알려 주었다. 경찰 지휘본부에서는 빠르게 현장 경찰들을 지휘하여 수배범을 체포하였다.

[그림 3-27] 미래형 첨단 사회 안전 시스템

앞에 있는 내용은 인공지능 얼굴 인식 기술과 경찰이 협력하여 수배범을 잡는 상황을 설명한 것이다. 인구의 증가와 인구 유동성의 증가로 안전 보호 업무의 중요성이 더욱 강조되고 있으며, 커다란 과제에 직면하고 있다. 법을 위반한 사람들은 늘 요행을 바라는 마음으로 자신을 사람들 속에 숨김으로써 법의 심판을 피할 수 있을 것이라고 착각한다. 그러나 완벽한 얼굴 인식 통제 시스템 덕분에 범인들이 숨을 곳은 사라졌다. 얼굴 인식 통제 시스템은 높은 기술력의 얼굴 인식 기술을 탑재하였다. 첨단 기술은 점차 보완되어 가고 있는 감시 네트워크까지 연결하여 감응, 예비 경보, 분석 판단 등을 자동적으로 완성할 수 있다. 실시간으로 감시 카메라 동영상에서 유용한 정보를 추출할 수 있는 자동화 시스템이다. 감시 통제 시스템이 이제 '밝게 보는' 단계에서 '볼 줄 아는' 단계에까지 이르렀다.

머지않은 미래에 모든 범죄가 정밀한 얼굴 인식 통제 시스템으로 인해 완전히 사라지고, 사회는 절도 행위 등 범죄 행위가 일어나지 않는다는 이상적인 세계에 가까워질 것이다.

3.5 이 장의 요약

이 장에서 이미지를 분류하는 방법을 배웠다. 우선 이미지가 컴퓨터에서 어떻게 표시되는지 알아보았으며, 이미지의 특징 추출은 3차원 텐서에 대해 측정의 수학 연산을 하는 것임을 알게 되었다. 수동 특징 추출 관련 내용에서 합성곱 연산을 배웠고, 합성곱 연산을 이용해 이미지 특징을 추출하는 방법, 예를 들면 가장자리 특징과 기울기 방향 히스토그램 등을 배웠다.

수동으로 설계한 특징은 한계가 있으며, 심층 신경망으로 특징을 학습하는 방법은 이미지 처리에 널리 응용되는 방법이기 때문에 심층 신경망을 사용한 이미지 분류 방법을 중점적으로 배웠다.

심층 신경망의 구조에 대하여 일차적인 지식을 알게 되었고, 심층 신경망의 기본을 이루는 합성곱층, 풀링층, 완전 연결층, 비선형 활성화층, 정규화 지수층 등에 대해 알아보았다. 또한, 역전파 알고리즘으로 신경망을 훈련하는 과정을 알게 되었다. 마지막으로 심층 신경망 네트워크의 발전과 과제를 알게 되었고, 이미지 분류의 일상 속 응용에 대해 알아보았다.

이 장의 학습과 관련 실험의 완성으로 기존의 방법보다 딥러닝이 강력하고 복잡한 작업을 더욱 훌륭히 완성할 수 있음을 알게 되었다. 또한, 다층 신경망의 훈련은 많은 데이터와 계산 능력의 자원이 소모함을 알게 되었다.

초창기에서 혹한기 그리고 부흥의 시기에 이르기까지 딥러닝의 발전 또한 많은 우여곡절을 겪으면서 끊임없이 새로운 문제와 과제에 직면해 왔다. 이런 과제들은 진행 중인 연구에 격려와 추진력이 되어 주었고 기존의 연구 성과를 보완하고 신기술의 지속적인 발전을 촉진하고 있다.

딥러닝이라는 거인의 발걸음으로 세상에 세찬 물결이 일고 있다. 이 거인의 걸음이 어디로 향할지, 얼마나 멀리 갈지, 우리 마음속의 흥미로운 미래를 위해 얼마나 큰 힘이 되어 줄지, 이 모든 것은 여러분의 몫이며, 앞으로 이 새로운 분야에 몸담을 미래의 인재들에게 달려 있다.

제4장 음악 분석과 감상

주말에 아리는 두 차례 음악 공연을 보러 갔다.
첫 번째는 콘서트였는데 힘이 넘치고 일관성 있는 리듬 속에 격앙되기도 하고
슬퍼지기도 하는 선율과 가수가 온 힘을 쏟아내어 부르는 노랫소리가 마음속
깊이 울려 퍼졌다.
두 번째는 관현악단의 클래식 연주회로서 각종 악기의 멜로디가 한데 어우러져
매우 풍부한 음악의 향연을 만들었다.
파티에서 와인을 마시며 담소를 나누는 듯 조용하다가도 웅장했다.
집에 돌아온 아리는 "소리는 이처럼 변화가 많은데 과연 컴퓨터도 사람처럼
다채로운 선율을 감상할 수 있을까?"라는 생각을 하였다.

세상의 수만 가지 소리 중에서 두 가지 소리가 인간과의 관계에서 특히 긴밀하다. 하나는 인간의 발성기관으로 내는 의사소통의 의미가 있는 소리인 음성(speech)이고, 다른 하나는 인류가 창조한 리듬과 멜로디의 소리 예술인 음악(music)이다. 음성은 일상의 의사소통 과정에서 중요한 역할을 한다. 선생님께 문제에 대해 물어보거나, 친구들과 의논하거나, 부모님과 함께 재미있었던 일들에 대해 이야기를 나누는 등 매일 많은 사람과 의사소통을 하게 된다.

이처럼 음성은 가장 효과적인 소통의 도구임이 틀림없다. 흥미로운 점은 인간의 청력도 음성에 대한 편향이 있다는 것이다. 시끄러운 파티장에서도 자신과 대화를 나누는 사람의 말은 정확히 알아들을 수 있다. 그래서 이를 칵테일 파티 효과(cocktail party effect)라고 부른다. 음악은 일종의 독특한 예술로써 선율의 흐름이 사람의 정서와 맞부딪치면 우리의 생각은 전부 음악에 사로잡혀 멜로디에 심취하고 영혼의 치유를 받는다. 이 얼마나 아름다운가!

음악의 역사는 유구하다. 흥겨움이 넘치는 음악과 슬픈 음악은 차이가 확연히 다른 장르를 갖고 있다. 마치 오늘날의 재즈와 록밴드 등이 서로 장르가 다른 것 같다. 가수들은 각자 잘하는 장르가 있고, 청중들도 각자 선호하는 장르가 있다.

앞에서 컴퓨터에 '천리안(千里眼)'을 설치하여 이미지 분류 방법을 배웠다. 이번에는 인공지능의 도움을 받아 컴퓨터에 '천리이(千里耳)'를 장착하여 컴퓨터가 음악을 알아듣고 감상하면서 소리의 신비로운 세상을 탐색할 수 있도록 해보자.

4.1 음성 인식의 예술

사람의 귀가 소리를 듣는 원리

우리는 물리 수업 시간에 음파(音波)의 발생과 전파의 원리를 배웠다. 음파는 물체의 진동으로 발생하고 매질로 전파하며, 귀에 도달하면 사람이 감지한다. 또한, 생물 수업 시간에는 귀의 구조에 대해서 배운 적이 있다.

[그림 4-1]에서처럼 귓바퀴에 의해 수집된 음파가 일련의 구조를 거쳐서 달팽이관에 전달된다. 달팽이관 내부에는 풍부한 청각 센서가 있어서 소리를 청신경에 전달하여 소리를 들을 수 있다.

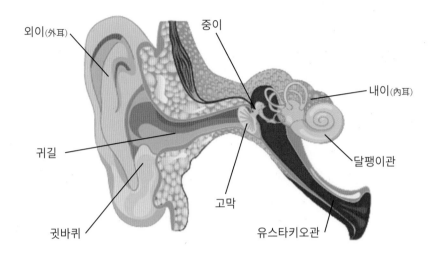

외이(外耳)
중이
내이(內耳)
귀길
달팽이관
고막
귓바퀴
유스타키오관

[그림 4-1]
귀의 구조

주파수(frequency)는 소리의 중요한 특징으로 소리를 내는 물체가 1초에 진동하는 횟수를 의미하며 단위는 헤르츠(Hz)이다. 사람 귀의 정교한 구조는 서로 다른 주파수에 대해 다른 민감성을 가지고 있다. [그림 4-2]에서 볼 수 있듯이 가로 좌표는 주파수를 표시하고, 세로 좌표는 사람 귀의 청각을 일으킬 수 있는 소리의 세기를 표시하며 단위는 데시벨(dB)로서 값이 작을수록 해당 주파수의 소리에 더욱 민감함을 의미한다. 흥미롭게도 사람의 귀가 가장 민감하게 느끼는 주파수는 영아가 소리 내는 주파수와 거의 일치한다.

사람이 발성할 수 있는 주파수 범위는 85~1,100Hz이다. 사람의 귀는 해당 범위 내의 주파수에 대해서도 상대적으로 민감하다. 이는 사람 귀의 구조가 일반적으로 인간 대 인간의 교류에 편의를 제공하기 위한 구조를 가졌다는 의미이다. 만약에 우리가 초음파의 소리까지 들을 수 있는 귀를 가졌다면 세상은 얼마나 시끄러울 것인가?

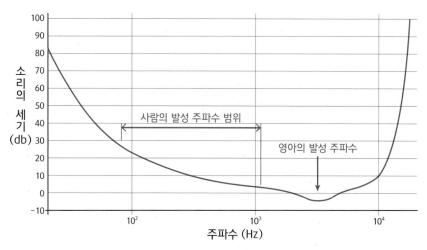

[그림 4-2] 사람의 발성 주파수

소리의 디지털화

컴퓨터는 귀가 없는데 어떻게 소리를 감지할까? 음파를 컴퓨터가 저장하고 처리할 수 있는 가청 주파수(예를 들면 MP3 형식)로 변환해야 한다. 이 과정은 [그림 4-3]에서 볼 수 있듯이 음파에서 MP3 파일에 이르기까지 표본화(sampling), 양자화(Quantization), 부호화(encoding) 등의 과정을 거쳐야 한다.

우선 마이크의 센서로 음파를 전기 신호(예를 들면 전압)로 변환하는데 이는 마치 달팽이관 속의 청각 센서가 음파를 청신경에 전달하는 것과 비슷하다. 그러나 컴퓨터는 연속적인 신호를 저장할 수 없기 때문에 표본화를 거쳐 전기 신호가 시간적으로 이산화(discretization)되도록 하고, 다시 양자화 과정을 거쳐 진폭을 이산시킨다. 소리가 이산된 데이터 점으로 변환되면 컴퓨터는 여러 가지 부호화 방식을 사용해 서로 다른 파일 형식으로 저장할 수 있게 된다. 일반적으로 음악을 들을 때 사용하는 MP3도 이렇게 저장한 하나의 형식이다.

컴퓨터 속의 가청 주파수가 설명하는 것은 사실상 시간의 선후 순서에 따라 연속하여 배열한 데이터 점이다. 따라서 시계열(time series)이라고도 부를 수 있으며, 이를 시각화하면 자주 볼 수 있는 파형(wave form)으로서 가로 좌표는 시간을 표시하고, 세로 좌표는 직접적인 물리적 의미가 없으며 센서가 소리를 전도(conduction)할 때의 진동 변위(vibration displacement)를 반영한다. 진동 변위가 시간을 따라 0의 부근에서 반복적으로 진동하기에 파형도 시간에 따라 0의 부근에서 끊임없이 진동한다. 표본의 주파수가 비교적 높을 경우 파형은 연속에 가까운 모습을 보인다.

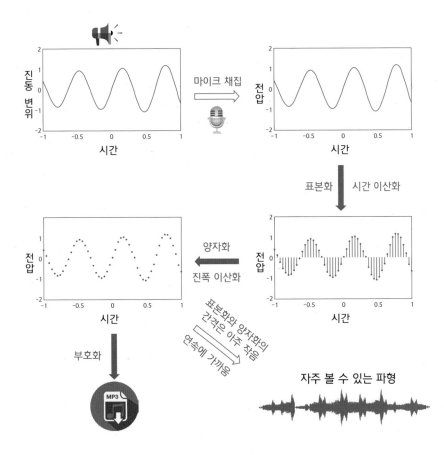

[그림 4-3]
소리의 디지털화

심화학습: 샘플링 레이트

샘플링 레이트(sampling rate)는 표본 추출 비율이다. 샘플링 레이트가 높을수록 음성이 더 자연스럽게 복원하지만 사람의 귀는 높은 주파수에 민감하지 않기 때문에 샘플링 레이트를 더 크게 하더라도 청각에 대한 효과는 아주 작고 저장 공간만 낭비하게 된다. 일반적으로 MP3 형식의 샘플링 레이트는 44,100Hz이다.

이미지의 경우와 비슷하게 소리도 디지털화 과정에서 값을 추출하는 범위가 유사하다. 일반적으로 이미지에 세 개의 채널(적색, 녹색, 청색)이 있는 것과 같이, 이 장에서는 특별한 설명이 없을 경우 하나의 음성 채널만 참고하여 생각한다.

[실험 4-1] 소리의 파형을 관찰하고 소리의 디지털화를 이해하기

※ GTZAN: 데이터 세트는 30초 길이의 10개 장르를 포함한 1,000개의 오디오 트랙으로 구성되었고, 트랙은 모두 .wav 형식의 22,050Hz 모노(mono) 16비트 오디오 파일이다.

1. GTZAN은 여러 가지 장르의 음악을 포함한 데이터 세트이다. 해당 데이터 세트에서 자신이 좋아하는 음악 클립을 선택하여 대응하는 파형을 그려 본다.
2. 서로 다른 시간 측정으로 파형을 관찰하고 청각적 느낌과 파형의 시각적 상태의 관련성을 생각해 본다.

주파수 스펙트럼으로 소리의 3요소 이해하기

소리의 디지털화를 거쳐 컴퓨터는 소리를 '듣게' 되었다. 그렇다면 컴퓨터는 어떻게 소리를 '이해'할까? 여기에서 컴퓨터가 음성을 분석하는 데 자주 사용하는 방법인 주파수 스펙트럼(frequency spectrum)을 학습해 보도록 하자. [그림 4-4]에서는 음악 클립의 파형(왼쪽)과 주파수 스펙트럼(사용하는 오른쪽)을 나타내고 있다.

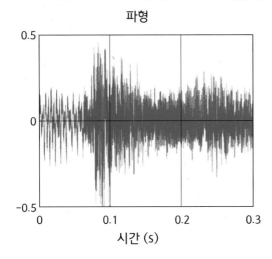
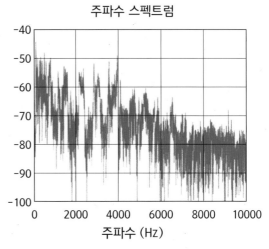

[그림 4-4] 음악 클립의 파형과 주파수 스펙트럼

주파수 스펙트럼의 가로 좌표는 주파수를 의미하고 세로 좌표는 주파수 스펙트럼의 폭을 표시하는데, 해당 주파수의 소리에 대응하는 진폭을 의미한다. 하나의 가청 주파수 중 여러 주파수의 음성 세기는 차이가 크기 때문에 주파수 스펙트럼은 로그 좌표를 사용한다. 즉 진폭이 10배씩 차이가 날 때마다 주파수 스펙트럼 폭은 20배 차이가 난다.

예를 들면 주파수 스펙트럼에서 1,000Hz가 대응되는 폭이 -50이고 5,000Hz가 대응되는 폭이 -70이라면 1,000Hz의 음성 진폭이 5,000Hz의 음성 진폭보다 10배 크다는 의미이다. 주파수 스펙트럼은 서로 다른 주파수의 소리가 갖는 에너지가 얼마인지 반영하는데 일반적으로 주파수 스펙트럼 폭의 상대적 크기에만 주목하면 된다.

예를 들면 코러스의 한 토막 중에 중고음이 강하고 저음이 약하다면 일정한 범위 내에 주파수가 높은 구역이 대응되는 주파수 스펙트럼의 폭이 클 것이고, 이와 반대된다면 주파수가 낮은 영역이 대응되는 주파수 스펙트럼의 폭이 클 것이다.

소리의 3요소인 소리의 세기, 소리의 높낮이(성조), 음색으로 소리의 특징을 설명할 수 있다.

- 소리의 세기: 가장 직관적인 소리의 요소로서 소리의 강약을 의미하고 파형의 진폭으로 표시할 수 있다.
- 소리의 높낮이: 사람이 들을 수 있는 성조(tone)의 높낮이를 말하며 소리의 주파수가 높으면 성조가 높게 들리고 소리의 주파수가 낮으면 성조가 낮게 들린다. 따라서 주파수 스펙트럼으로 소리의 높낮이를 묘사할 수 있다.
- 음색: 상대적으로 더 복잡한 특징으로서 같은 성조와 같은 크기의 소리일지라도 다른 악기로 연주하거나 다른 사람이 발성하기에 따라서 서로 다른 청각 효과를 일으킨다. 이는 악기나 성대가 진동하여 소리를 내는 과정에 성조가 대응되는 주파수 f 외에 기타 고주파수 소리($2f$, $3f$, $4f$)가 동반되기 때문이다. 이를 상음(over tone)이라고도 한다. 이런 고주파수 소리가 대응되는 폭도 서로 다르기 때문에 독특한 청각적인 느낌을 일어나게 한다.

기타와 피아노를 예로 들어 보도록 하자. [그림 4-5]에서처럼 왼쪽은 기타 줄 한 가닥을 튕겨서 나는 소리의 파형과 주파수 스펙트럼이고, 오른쪽은 피아노의 건반 하나를 쳐서 나는 소리의 파형과 주파수 스펙트럼이다. 기타와 피아노의 파형을 보면 소리의 크기가 큰 소리에서 작은 소리로 변하는 과정을 쉽게 이해할 수 있다. 주파수 스펙트럼에서는 연속한 파형의 높이 값을 볼 수 있는데, 그중 첫 번째 가장 높은 값이 있는 주파수가 성조이며, 해당 주파수의 정수배(整數倍)의 위치에도 모두 크기가 서로 다른 파형의 높이 값이 있는데 그 비율의 차이가 음색의 차이를 의미한다.

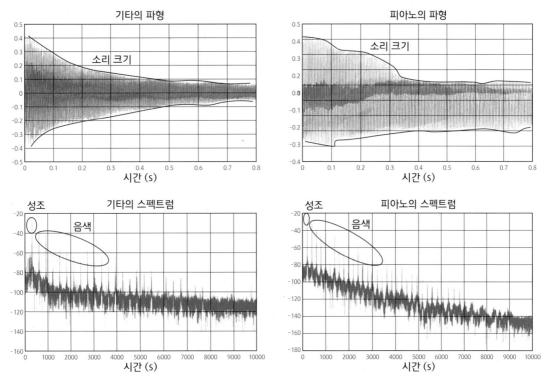

[그림 4-5] 기타와 피아노의 파형과 주파수 스펙트럼

[실험 4-2] 주파수 스펙트럼으로 음악의 특징 분석하기

1. 현재 두 개의 가청 주파수가 있는데 기타와 피아노로 하나의 단음을 각각 연주한 것이다. 이 주파수 스펙트럼을 그려 내고 주파수 스펙트럼의 가로 좌표와 세로 좌표의 의미를 이해한다.
2. 주파수 스펙트럼으로 각각 연주한 성조를 확인하고, 두 개의 음색 차이를 설명한다.

4.2 음악 장르 분류

컴퓨터는 소리를 깊이 이해하여 음악 장르 분류 작업을 할 수 있다. 음악 장르는 각종 소리의 요소가 매우 개성이 넘치게 결합되어 형성한다.

우리의 작업은 컴퓨터가 30초 분량의 음악을 '듣도록' 하고 해당 음악의 장르를 분류하도록 하는 것이다. 이 작업에는 재즈(jazz), 록(rock), 힙합(hip-hop) 등을 포함한 10가지의 선택 가능한 음악 장르가 있다.

- 입력: 30초짜리 음악에 대응하는 시계열(time series)

- 출력: 음악 장르(10개 중 1 선택)

컴퓨터 '귀에 들리는' 장르

사람이 감각기관과 경험으로 음악의 장르를 분류하듯이 컴퓨터도 수많은 음악을 '듣는' 과정에서 '경험'을 형성하며, 그 '경험'을 근거로 음악을 분류한다. 그 때문에 데이터가 컴퓨터에 특히 중요하다. 여러 종류의 음악 데이터가 없다면 아무리 뛰어난 인공지능 알고리즘이라 할지라도 정확히 분류할 수 없다. 구슬이 서 말이라도 꿰어야 보배가 아니겠는가?

음악 데이터를 어떻게 컴퓨터의 '경험'으로 변환할까? 제3장에서 이미 학습했던 이미지 인식의 예를 보면, 우선 이미지 데이터 중에서 특징을 추출하고 그다음에 분류기로 특징에 대해 분류를 진행하였다. 음악 장르의 분류 또한 같은 방법으로 하면 된다.

[그림 4-6]에서처럼 작업을 두 개 부분으로 나누어서 진행한다.

첫 번째, 특징 추출기를 설계하여 음악의 특징을 추출한다.

두 번째, 분류기 하나를 훈련하여 해당 음악의 특징에 따라 장르를 분류한다.

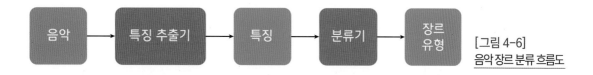

[그림 4-6]
음악 장르 분류 흐름도

보충학습: 음악의 특징

음악의 특징은 일반적으로 데이터보다 훨씬 짧은 하나의 시퀀스(sequence)이지만 데이터 중 가장 대표적인 정보를 포함한다. 예를 들면 한 음악 클립에 대해 "드럼, 기타와 베이스의 소리가 어우러지고 리듬의 강약이 규칙적으로 변화하며 저도 모르게 함께 몸을 흔들게 된다."라고 설명한다면, 이런 설명을 근거로 해당 음악이 록이라는 것을 상상해 내기가 어렵지 않다. 따라서 드럼, 기타, 베이스 및 청중들의 율동을 록 음악의 '특징'으로 삼을 수 있으며 이런 특징이 사람들의 이해를 돕는다. 컴퓨터가 이해하기 쉬운 특징을 설계하려면 음악 데이터에서 찾아야 한다.

음악의 시계열을 하나의 벡터로 보고 30초 길이의 음악에 대해 샘플링 레이트를 44,100Hz로 한다면 이 음악이 대응하는 벡터의 차원 수는 얼마일까?

샘플링 레이트에서 각 초의 시계열은 44,100차원의 벡터로 표시할 수 있음을 알 수 있다. 그렇다면 음악 전체의 차원 수는 $30 \times 44,100 = 1,323,000$으로 대략 130만 개이다. 해상도가 $1,000 \times 1,000$인 그레이 스케일 이미지가 100만 개의 픽셀을 포함하므로 벡터로 표시하면 100만

차원이므로 30초 길이의 음악과 비슷하다. 분류기로 이런 고차원 수의 데이터를 직접 분류하면 효과가 좋지 않으며 분류기에도 연산의 부담을 크게 준다. 따라서 음악에서 훌륭한 특징을 추출하는 것이 매우 중요한 과정이다.

이번에는 음성의 일반적인 특징을 설명한다.

음성학의 대표적인 특징인 멜 주파수 켑스트럴 계수

이미 주파수 스펙트럼이 무엇인지, 또 어떻게 객관적으로 소리의 3요소를 반영하는지를 배웠다. 그러나 주파수 스펙트럼의 데이터 차원 수와 음악의 데이터 차원 수는 동등한 것으로 직접 주파수 스펙트럼을 사용하여 분류하면 성능이 좋지 않기 때문에 훌륭한 특징이 아니다. 그래서 주파수 스펙트럼보다 더 효과적이고 더 널리 사용되는 특징인 멜 주파수 켑스트럴 계수(Mel Frequency Cepstral Coefficient, MFCC)를 배워 보도록 한다.

MFCC 특징의 차원 수는 매우 낮으며, 또한 주파수 스펙트럼의 모양을 대략적으로 그려낼 수 있기 때문에 주파수가 서로 다른 소리 에너지의 고저를 대략적으로 묘사할 수 있다. 그뿐만 아니라 주파수 스펙트럼에 대한 대략적 묘사는 소리의 중요한 특징 중 하나인 포먼트(formant)를 표현할 수 있다.

심화학습: 포먼트(formant)

포먼트(formant)는 주파수 스펙트럼에서 에너지가 상대적으로 집중된 일부 영역이다. 포먼트는 모음의 주파수 스펙트럼에서 매우 분명하며, 각 모음의 포먼트 차이가 분명하기 때문에 언어음(speech sound) 분석에 자주 사용한다. 예를 들면 [그림 4-7]에서 볼 수 있듯이 모음 o(왼쪽)와 i(오른쪽)는 주파수 스펙트럼에서 포먼트 위치가 분명하게 차이가 난다.

주파수 스펙트럼에는 왜 포먼트가 있을까? 사람이 말을 할 때 입, 코, 목구멍 등이 하나의 연결된 공간을 형성하고 특정 주파수의 소리가 이 공간에서 공명을 일으키면서 확대된다. 그리고 이것은 주파수 스펙트럼에서 포먼트로 표현한다. 악기의 발성 과정도 인간이 발음하는 과정에 비유할 수 있다. 예를 들면 바이올린의 바디(Body)는 울림통으로써 사람의 구강과 작용이 흡사하다. 일부 주파수의 소리는 울림통 안에서 공명하여 독특한 음색을 형성한다.

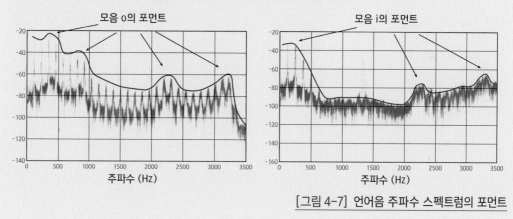

[그림 4-7] 언어음 주파수 스펙트럼의 포먼트

MFCC 특징이 이처럼 많은 장점이 있다면 어떻게 추출하는가? 우선 멜 주파수로 주파수 스펙트럼을 처리하여 26차원의 특징을 얻는다. 그리고 그 켑스트럼(cepstrum)을 계산하여 13차원의 MFCC 특징을 얻는다.

아래에서 이 두 절차의 구체적인 과정을 배워보도록 하자.

[그림 4-8]에서처럼 멜 주파수(Mel-Frequency)는 특수한 기준의 주파수로써 일반적인 주파수와의 함수 관계는 $\text{mel}(f) = 1125 \times \ln(1 + f/700)$ 이다. 멜 주파수에서 같은 길이의 주파수 구간을 일반 주파수에 대응하면 서로 다른 길이의 구간으로 변하는데, 저주파수의 부분은 뾰족한 삼각형이고, 고주파수의 부분은 넓은 삼각형이다.

이는 사람 귀의 청각 감각과 유사하다. 즉 일정한 주파수 범위 내에서 사람은 저주파수의 소리에 비교적 민감하고 고주파수의 소리에는 덜 민감하다. 각 주파수 구간마다 주파수 스펙트럼의 평균값을 구한다. 이는 각 주파수 범위 내 소리 에너지의 크기를 의미한다. 총 26개의 주파수 범위가 있으므로 26차원의 특성을 얻는다.

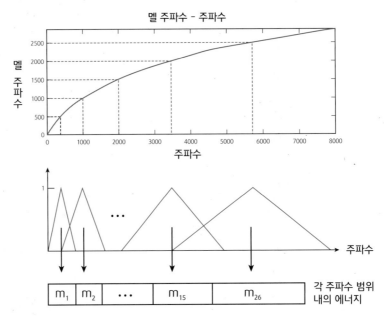

[그림 4-8]
멜 주파수

켑스트럼(Cepstrum)은 앞에서 설명한 26차원 특성에 대해 수학적 변환으로 얻은 것으로써 특징의 차원 수를 13차원으로 낮춘다. 이로써 MFCC 특징을 얻게 된다. 구체적인 변환 과정은 매우 복잡하다. 알아야 할 것은 13차원 특징은 여전히 음향 신호의 서로 다른 주파수 범위 내의 에너지 크기를 반영한다는 것이다. 그중에는 포먼트와 같은 음향 신호의 중요한 특징을 보유하고 있다.

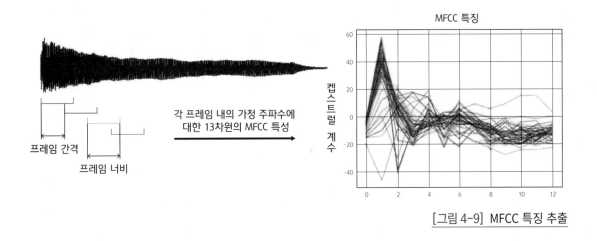

[그림 4-9] MFCC 특징 추출

[그림 4-9]는 MFCC 특징을 추출하는 사례를 보여 주고 있다. 가청 주파수를 동등한 간격의 작은 프레임(중첩 가능)으로 나눈 다음 각 프레임에서 13차원 MFCC 특징을 추출한다.

가청 주파수를 나눌 때 프레임 너비와 프레임 간격, 두 개의 파라미터가 존재하는데 이 파라미터는 가청 주파수의 특징에 따라 조절할 수 있다. 일반적인 파라미터는 프레임 너비 25밀리초, 프레임 간격 10밀리초이다.

[실험 4-3] MFCC 특징을 관찰하고 이해하기

1. GTZAN 데이터 세트에서 무작위로 하나의 클립을 선택하고, 길이가 25밀리초 정도 되는 클립을 잘라내며 일부 클립은 시간상 인접하고 일부는 시간상 멀리 떨어지도록 한다.
2. 해당 음악 클립과 대응하는 주파수 스펙트럼 및 MFCC 특징을 그리고 이 주파수 스펙트럼 및 MFCC 특징의 차이와 공통점을 관찰한다.

딥러닝 알고리즘

이전 설명의 핵심은 두 부분인데, 첫 번째는 특징 추출이고 두 번째는 특징 분류이다. 이미 MFCC 특징을 설명하였으니, 이제 음악을 MFCC 특징으로 분류하는 분류기를 설계하자. 높은 정확도를 위해 신경망으로 분류 작업을 완성하도록 한다. 해당 입력은 음악의 MFCC 특징이고 출력은 장르이다. 실제로 신경망은 MFCC를 바탕으로 더욱 강력한 특징을 추출하고, 그 특징으로 장르를 분류한다.

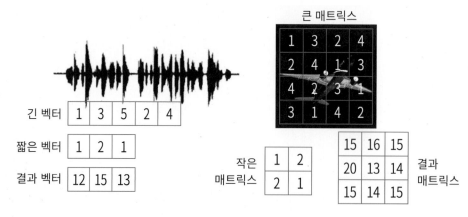

[그림 4-10] 1차원 합성곱 VS 2차원 합성곱

제3장에서 합성곱층과 풀링층을 학습하고 이를 사용해 이미지의 특징을 추출하였다. 가청 주파수도 이와 비슷한 구조로써 특징을 추출할 수 있으며 다른 점이라면 여기서의 합성곱과 풀링이 가청 주파수에 작용한다는 것이다. 가청 주파수는 시간이라는 하나의 차원이지만, 이미지는 두 개의 공간적 차원이 있다. 그 때문에 가청 주파수의 특징을 추출하는 합성곱 커널은 이미지를 처리할 때 사용되는 것과는 다르다([그림 4-10] 참조).

그림 속의 합성곱 결과가 정확한지 연산해 보길 바란다.

합성곱층과 풀링층을 거치고 나면 신경망은 MFCC보다 더 강력한 특징을 추출한다. 이제 그 특징들을 사용해서 분류해 보자. 이미지 인식 작업과 마찬가지로, 우선 완전 연결층으로 길이와 장르가 서로 같은 시퀀스를 얻는다. 그리고 소프트맥스층으로 음악이 각 장르에 속하게 될 확률을 얻는다.

[실험 4-4] MFCC 특징과 신경망을 이용해 음악 장르 분류 완성하기

1. 훈련 및 테스트용 데이터를 준비하고 훈련 및 테스트용 음악의 MFCC 특징을 추출한다.
2. 구조 형태가 '합성곱층 - 풀링층 – 완전 연결층 – 소프트맥스층'인 신경망(파라미터 자체 설정 가능)을 이용해 특징 추출과 분류를 진행한다. 해당 입력은 음악의 MFCC 특징이고, 출력은 음악의 장르이다. 해당 신경망을 훈련한다.
3. 음악 장르 분류의 정확도를 테스트한다.

4.3 음성 인식 기술

음성 인식의 응용

음성 인식(speech recognition)의 목적은 사람의 말을 문자나 기계가 이해할 수 있는 명령어나 문자로 변환함으로써 사람과 기계의 음성 교류를 구현하기 위함이다. 음성 인식 기술은 이미 현실에 널리 응용되고 있다. 예를 들면 아리는 일기를 쓰는 습관이 있지만, 고등학교에 입학한 후부터는 더 이상 일기장에 필기하지 않고 편리하게 음성 입력의 방법으로 하루 동안 있었던 재미있는 일상들을 휴대전화에 저장한다.

음성 인식 기술을 사용함으로써 휴대전화는 완벽한 일기장이 되었다. 이 밖에도 이제 사람이 하는 말을 이해할 수 있다. 현재 휴대전화는 음성 인식 서비스를 지원한다. 평소에 메시지를 보낼 때도 문자를 손으로 입력하는 경우가 거의 없다. 음성 인식 비서에게 "○○에게 메시지를 보내줘!"라고 한 다음, 발송할 내용을 말하면 휴대전화가 알아서 해당 내용을 메시지로 보낸다. 또한, 전화 걸기, 음악 듣기, 택시 부르기 등의 일반적인 휴대전화 실행 동작을 대화의 방식으로 편리하게 실행할 수 있다.

10년 후 미래에 로봇 가사도우미를 집에 두고 있는 상황을 얼마든지 그려볼 수 있다. 로봇 가사도우미는 음성 명령에 따라 집안일을 진행할 수 있을 뿐만 아니라 가족 모임에 참석하여 가족 여행 계획까지 세워 줄 것이다. 병원에서도 로봇 도우미가 의료진의 질병 케이스에 관해 구술한 내용을 기록하고, 음성 지시에 따라 검사 결과를 저장하며, 심지어 치료 계획에 관한 토론에도 참여할 것이다. 이처럼 음성 인식 기술은 최선을 다해 인간에게 편의를 제공할 것이다([그림 4-11] 참조).

[그림 4-11] 음성 인식의 활용

음성 인식의 원리

음성 인식은 아주 복잡한 작업으로 쓸모 있는 수준에 도달하는 것은 쉬운 일이 아니지만, 음성 인식을 분류 작업으로 이해해도 괜찮다. 즉 사람의 발음마다 대응하는 문자를 찾는 것이다. 그러나 이 분류 작업은 음악 장르 분류보다 훨씬 복잡하다. 음악 장르 분류는 단지 가청 주파수 클립 전체를 한 단위로 분류하는 것일 뿐이며, 그 유형의 개수도 아주 적다. 그러나 음성 인식은 발음을 전부 분류해야 하고, 문자의 개수와 가능한 유형의 개수도 매우 많기 때문에 이러한 분류 작업의 어려움이 얼마나 큰지는 두말할 필요도 없다. 하지만 음성 인식에는 간단한 면도 존재한다. 인류의 언어는 매우 규칙적인 것으로써 음성 인식을 할 때에도 이러한 규칙에 유념할 필요가 있다. 첫째, 각종 언어는 그 음성에 있어서 모두 일정한 특징이 있으므로 해당 언어의 음성학적 특징으로 음성 인식의 정확도를 향상할 수 있다. 둘째, 한국어의 언어 표현에도 일정한 규칙이 있는데, 예를 들면 소리의 특징과 문맥에 따라 '사고'라는 말이 '사고(思考)'라는 의미일 가능성이 더 크며, '사고(史庫, 앞의 단어와 발음은 같으나 문맥상 의미가 없는 조합)'가 아님을 알 수 있다. 왜냐하면 전자는 한국어의 표현에 있어서 그 의미가 자주 출현하기 때문이다.

[그림 4-12]는 음성 인식 과정의 흐름도이다. [그림 4-12]는 음성 인식의 흐름도이다. 첫 번째 그림은 발성했을 때의 음성 파형이다. 발성 기관인 성대의 떨림 정도와 성도(목구멍)의 모양 변화에 따라 공기 흐름으로 소리가 만들어진다. 일반적인 대화에서 성대의 떨림 정도나 성도의 모양이 급격하게 변하지 않으므로, 음성을 짧은 구간 동안의 주기적인 특징으로 가정하고, 이 단위로 음성을 분석하여 소리가 만들어진 상태를 예측한다. 그다음 0.02초 길이의 음성 파형이 어떤 주기적인 특성을 갖는지 분석한다. 여러 신호 처리 과정으로 수십 개의 숫자로 된 특징 벡터를 추출할 수 있다. 그다음 음향 모델링 과정에서 0.01초씩 시간 축에 따라 움직인 특징 벡터열과 어휘에 대한 확률을 학습한다. 단어 W는 음소 단위 조합으로 만들어졌다고 보고 일정 간격으로 발생하는 특징 벡터로 어떤 음소가 가장 높은 확률을 가지는지 대상으로 모델을 학습한다.

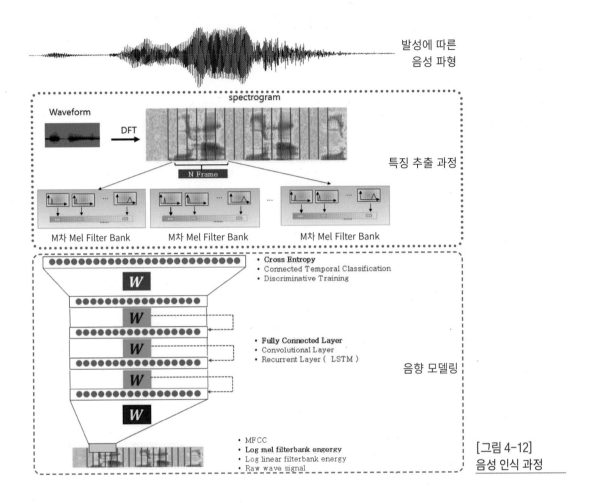

발성에 따른
음성 파형

[그림 4-12]
음성 인식 과정

생각과 토론: 음성 인식의 정확도는 무엇과 연관이 있을까?

　음성 인식의 정확도는 음향 모델(acoustic model) 및 언어 모델과 모두 밀접한 연관이 있다. 예를 들면 한 음성 인식 시스템의 음향 모델은 표준말의 발음 특징을 표현하며, 언어 모델은 자주 사용하는 대화 주제의 언어적 표현을 설명할 수 있다. 만약 이 음성 인식 시스템으로 아나운서의 뉴스 보도 음성을 인식한다면 정확도가 아주 높겠지만, 사투리 억양이 강한 선생님의 음성을 인식한다면 그 정확도는 많이 떨어질 것이다.

4.4 음악 검색 기술

일부 음악 앱에는 재미있는 기능이 있다. 바로 사용자가 흥얼거리는 음성 클립으로 그에 대응하는 노래를 찾는 기능인데, 이것이 바로 음악 검색이다. 음악 검색 작업의 입력은 일반적으로 아주 짧은 음악 클립이며, 출력은 데이터베이스의 입력 클립과 가장 비슷한 음악이다. 이번에는 음악 검색을 구현하는 간단한 방법을 설명한다.

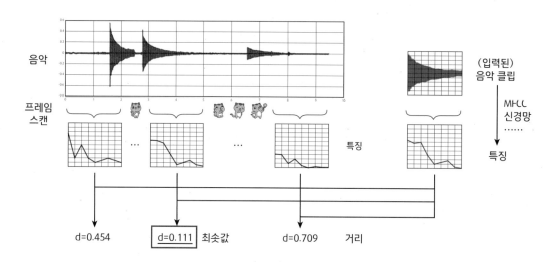

[그림 4-13] 프레임 스캔과 거리 계산

음악 검색 작업은 문서 편집에서 사용하는 '찾기' 기능과 비슷하므로 같은 방법으로 모든 음악 중에서 입력된 음악 클립을 찾으면 된다. 만일 찾을 수 있다면 그 음악이 틀림없을 것이다. 그러나 문서의 정밀한 찾기와는 다르게 음악 찾기는 분명하지 않다.

예를 들면 다른 가수가 부른 같은 곡일 경우 비슷하지만 완전히 같지는 않다. 따라서 '찾음' 또는 '찾지 못함'으로 직접적인 판단을 할 것이 아니라 유사성의 정도를 규정해야 한다.

일반적으로 거리를 사용해 유사성을 측정하는데 거리가 가까울수록 유사성이 더욱 크다. 제2장에서 배운 거리에 관한 내용을 생각해 보면, $x = (x_1, x_2, x_3)$과 $y = (y_1, y_2, y_3)$ 두 개의 특징이 주어질 경우 특징 사이의 거리는 다음과 같다.

$$d = \sqrt{(x_1 - y_1)^2 + (x_2 - y_2)^2 + (x_3 - y_3)^2}$$

거리에 대한 개념을 알고 나면 유사성을 사용한 찾기를 진행할 수 있다. [그림 4-13]에서처럼 음악에서 시간의 순서에 따라 음악 클립과 길이가 일치한 프레임을 자른다. 인접한 프레임 간의 시간 간격은 커도 되고 작아도 되는데 일반적으로 시간 간격의 겹침을 비교적 크게 한다. 이 과정을 '프레임 스캔(윈도우 스캔)'이라고 한다. 그리고 음악 클립과 잘라낸 프레임의 특징을 계산하고 특징 간의 거리를 계산한다. 계산한 여러 거리 중에서 최솟값을 음악 클립과 음악의 거리로 한다. 최종적으로 음악 클립과 거리가 가장 가까운 음악을 검색 결과로 출력한다.

4.5 이 장의 요약

이 장의 학습에서 소리의 특징을 알게 되었으며 컴퓨터가 소리를 감지하고 이해하는 방법을 학습하였다. 소리의 디지털화로 컴퓨터는 소리를 '듣게' 되었다. 주파수 스펙트럼의 계산을 거쳐 컴퓨터는 소리의 높낮이와 음색을 이해하게 되었다.

그리고 주파수 스펙트럼에서 MFCC 특징을 추출하여 컴퓨터는 더 낮은 차원 수의 벡터로써 포먼트 등 소리의 중요한 특징을 표현할 수 있게 되었다.

또한, 가청 주파수 이해에 대한 여러 응용을 배웠다. 신경망으로 하나의 음악에 대한 장르 분류를 구현했다. 그리고 음성 인식은 음향 모델과 언어 모델을 사용해 이루어진다는 것을 알게 되었다. 마지막으로 음악 검색의 응용에 사용한 거리(distance)에 대하여 깊이 이해할 수 있게 되었다.

소리가 매우 풍부하고 다채롭듯이 가청 주파수 처리 기술도 다양하게 발전하고 있다. 이 장은 소리 여행의 시작에 불과하다. 더 많은 기술과 앱들이 흥미롭게 우리의 탐색과 개발을 기다리고 있다.

제5장 동영상 인식하기

로보(Robo)라는 로봇이 아리의 새로운 가족이 되어 인공
지능에 푹 빠진 아리의 마음을 설레게 했다. 로보는 똑똑
할 뿐만 아니라 사람의 마음도 잘 헤아린다.

아리가 학교 수업을 마치고 집에 돌아오면 로보는 환영
서비스 모드를 바꾸어 시원한 음료를 가져다 주고, 아리
가 공부에 열중하고 있으면 조용한 모드로 바뀌어 방해하
지 않는다.

아리는 커다란 두 눈을 깜빡이는 로보가 어떻게 자신의
행동을 식별하는지 도무지 이해할 수 없고, 그저 로보의
뛰어난 지능에 감탄할 뿐이다.

　앞에서 컴퓨터로 어떻게 이미지에서 얼굴을 인식하고 소리를 알아 듣는지 배웠다. 이번에는 컴퓨터가 어떻게 동영상을 인식하는지 배우 도록 한다.

　최근 들어 인터넷 동영상의 수가 날로 증가하고 동영상의 내용도 더욱 풍부해졌으며 동영상 기술도 널리 사용되고 있다. 컴퓨터가 바닷 물처럼 넘치는 동영상들 속에서 어떻게 내용을 정확하게 분석하여 우 리가 편리하게 사용할 수 있도록 도와줄 수 있을까?

　'동영상 이해(video understanding)'가 바로 이 모든 것의 기반으로써 컴 퓨터 비전 분야에서 큰 주목을 받고 있다. 광학 흐름(Optical Flow) 특징에 서 궤적 특징까지, 기존의 방법에서 딥러닝까지, 새로운 방법들이 끊임 없이 출현하는 동영상 이해 기술의 발전을 이끌어가고 있다. 오늘날 동 영상 내용 분석, 비디오 감시, 인간과 컴퓨터의 상호 작용(Human- Computer Interaction, HCI), 스마트 로봇 등 많은 분야에서 동영상 이해 기술 이 모두 놀라운 성과를 거두고 있다.

5.1 이미지에서 동영상으로

텔레비전에서는 아리가 가장 좋아하는 스포츠 프로그램이 방송되고 있고, 로보(Robo)도 한쪽에서 조용히 보고 있다.

"로보! 너도 볼 줄 알아?" 아리가 장난하는 말투로 말했다.

"물론 불 수 있어요. 지금 텔레비전에서는 다이빙하는 사진을 방송하고 있어요."

"사진이라니?" 아리는 의아해하며 말했다.

"텔레비전 화면이 움직이고 있잖아."

사실 로보의 말이 맞다. 인간이 보기에 움직이는 동영상은 사실 본 사진을 보는 것이다. 화면을 움직이는 것처럼 보는 것은 시각 잔상 효과 때문이다. 다이빙을 하는 동영상은 사실상 연속 촬영한 수백 장의 사진을 모은 시퀀스로써 그중 각각의 사진을 동영상의 프레임(frame)이라고 한다.

더 확실하게 화면의 변화를 보기 위해 가장 대표적인 4프레임 이미지([그림 5-1] 참조)를 관찰해 보도록 하자. 수백 장의 이미지를 초당 24프레임 이상의 속도로 보면 시각 잔상 효과의 작용으로 원래는 정지된 화면이 조금의 렉(lag)도 없이 움직이기 시작한다. 정지 화면을 움직이는 화면으로 방송함으로써 멋진 다이빙 동작이 눈앞에 펼쳐지게 되는 것이다.

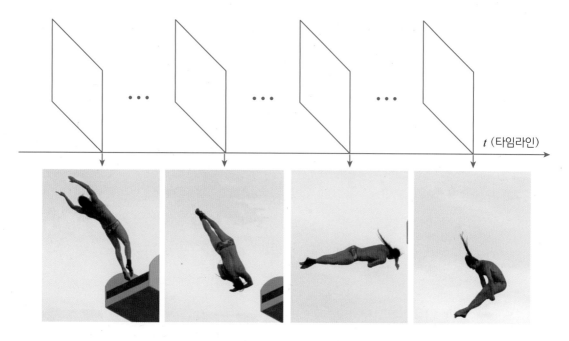

[그림 5-1] 연속한 이미지 프레임을 동영상을 조합

보충 학습: 시각 잔상 효과

시각 잔상 효과(Persistence of vision)는 사람 눈의 메커니즘으로서 빛이 망막에 비춰진 후에 사라져도 한동안 그 효과가 남아 있어 화면이 움직이는 것처럼 느껴지는 현상이다.

극장에서 방영되는 영화, 텔레비전에서 방송되는 프로그램, DVD에 저장된 동영상, 그리고 휴대전화 앱으로 시청 가능한 동영상 등 생활 속 곳곳에서 동영상을 볼 수 있다. 제3장에서 이미지가 컴퓨터에서 표시되는 방식을 배웠다.

그렇다면 동영상은 컴퓨터에서 어떻게 표시될까?

컴퓨터에서 동영상(video)은 시간의 순서에 따라 배열한 이미지이다. 방영할 때 일정한 속도에 따라 이미지를 나타내기만 하면 움직이는 동영상 화면을 재현할 수 있다. 동영상은 이미지에 비해 시간이라는 차원이 하나 더 있는 것으로 볼 수 있다.

따라서 함수 $I(x, y, t)$로써 동영상의 정보를 표시할 수 있다. 이 중 t는 어느 한 프레임에 대응되는 시간이고 x, y는 해당 동영상 프레임 중 어느 한 픽셀에 대응하는 위치(2차원 좌표)이다. 이런 표시 방법은 동영상과 이미지를 긴밀하게 연관 지어 놓기에 이미지 분야의 많은 기술을 사용해 동영상 관련 연구를 할 수 있다. 동영상의 표시 방법을 알았으니 이제 어떻게 동영상 속 행동을 인식하는지 학습해 보도록 하자.

5.2 동영상 속의 행동 인식

행동(action)은 인간이 작업을 수행할 때 발생하는 연속한 동작으로서 동영상 행동 인식(action recognition)은 컴퓨터가 주어진 동영상 데이터를 분석하여 대상의 행동을 식별하는 과정이다. 행동은 연속한 동작의 모음으로써 카메라가 동작을 사건의 진행 순서에 따라 저장하여 행동 인식 작업의 입력으로 한다.

행동 인식의 출력은 주어진 행동 세트 중 무작위 행동을 일컫는다. 동영상 행동 인식은 이미지 분류와 마찬가지로 컴퓨터 비전 분야의 기초적인 과제이다.

<table>
<tr><td>농구 슛하기</td><td>골프 스윙하기</td><td>그네 타기</td></tr>
<tr><td>자전거 타기</td><td>말타기</td><td>반려견과 산책하기</td></tr>
<tr><td>다이빙</td><td>축구 저글링</td><td>테니스 스윙</td></tr>
</table>

[그림 5-2] 동영상 행동 인식

동영상 행동 인식은 여러 분야의 응용에서 중요한 가치가 있다. 예를 들면 인간과 컴퓨터의 상호 작용 분야에서 행동 인식은 HCI 시스템을 더욱 정확하게 사람의 행동을 이해하도록 함으로써 컴퓨터가 올바른 반응을 보이게 한다.

동영상 감시 분야에서 행동 인식은 감시 카메라 동영상 속의 특이한 행위를 식별할 수 있으므로 경찰의 업무를 많이 줄일 수 있다. 동영상 내용을 기반으로 동영상 검색에서도 행동 인식은 동영상 속 인물의 행동에 따라 동영상을 분류할 수 있다.

행동 인식의 과제

인간의 행동은 매우 복잡한 과정으로써 컴퓨터가 이해하도록 하는 것은 많은 어려움이 있다. 그뿐만 아니라 동영상을 촬영할 때 거리, 광선, 각도 및 가려짐 등 요인도 동영상 행동 인식에 큰 영향을 미친다.

종합해 보면 동영상 행동 인식의 어려움에는 주로 다음과 같은 몇 가지가 있다.

우선, 행동의 클래스(class) 내 차이가 크다. 클래스 내 차이란 같은 카테고리(category, 범주)의 행동 간에 많은 차이가 존재한다. [그림 5-3]에서처럼 여러 사람이 면도하는 행동에는 모두 차이가 있다. 어떻게 컴퓨터가 이처럼 다양한 행동 표현에서 동일한 특징을 추출할 수 있게 하는지는 매우 어려운 작업이다.

다음으로, 행동에 대한 정의의 불확실성으로 인한 동영상의 대표성 결여이다. [그림 5-4]는 데이터 세트에 있는 식사하는 동영상이다. 동영상 안에는 음식을 떠먹이는 행동이 섞여 있다. 이는 컴퓨터가 식사하기를 이해하는 데 편차가 생기게 한다.

끝으로 동영상 배경의 차이가 크다. [그림 5-5]에서처럼 전부 텔레비전을 보는 행동이지만, 다른 각도에서 촬영한 동영상 배경이 확연한 차이가 있다. 일부 동영상에는 텔레비전 디스플레이가 출현했지만 일부는 출현하지 않았다.

[그림 5-3] 범주 내 차이가 크다

[그림 5-4] 행동에 대한 정의가 불확실하다

[그림 5-5] 환경 배경의 차이가 크다

이 밖에도 현재 행동 데이터 세트의 샘플 수는 제한적이다. 예를 들면 일반적으로 사용되는 행동 데이터베이스 UCF101 중에는 YouTube에서 수집한 13,320개의 행동 동영상이 101개의 범주로 포함되어 있다. 이에 비해 이미지 데이터 세트인 ImageNet은 1,400여만 개의 이미지가 2만여 개의 범주로 포함되어 있다. 물론 도전이 있어야 발전의 동

163

력이 있는 법이다. 이런 어려움을 극복하는 과정에서 동영상 행동 인식 기술도 점차 향상하고 있다.

행동 인식의 중요한 특징: 운동

앞의 학습에서 특징의 선택이 분류 정확성에 많은 영향을 미친다는 것을 알게 되었다. 아이리스를 분류할 때 꽃잎의 길이와 너비를 품종 분류의 중요한 특징으로 선택했다. 만약 꽃잎 색상을 특징으로 삼는다면 분류기는 아이리스의 품종을 구분하기가 어렵다. 특징의 선택이 중요한 것이라면, 동영상 행동 인식에 있어서는 어떻게 훌륭한 특징을 설계해야 할까?

일단 사람들은 생활 속에서 어떤 정보를 근거로 한 사람의 행동을 판단하는지 곰곰이 생각해 보자. [그림 5-6]에서처럼 체육 시간에 일부 학생들은 높이뛰기를 연습하고, 일부 학생들은 멀리뛰기를 연습하고 있다면 한눈에 행동의 종류를 판단할 수 있다. 그 이유는 높이뛰기와 멀리뛰기는 행동 과정이 다르기 때문이다. 하나는 높이 뛰어올라 무릎과 다리를 들어 올려 바를 넘긴 다음 양다리를 내려 착지한다. 멀리뛰기의 경우는 앞으로 멀리 뛰어나가서 양 무릎과 다리를 구부렸다가 앞으로 내밀며 착지한다. 즉 운동(motion)이 행동을 판단하는 중요한 특징이라는 뜻이다.

[그림 5-6] 높이뛰기와 멀리뛰기의 동작

운동의 특성화 : 광학 흐름

서로 다른 행동을 구분하는 중요한 근거가 운동이라면 동영상 속의 운동 정보를 어떻게 추출해야 할까? 인간에게 있어서 3차원 공간에서 대상의 운동을 인식하는 것은 매우 간단하다. 그러나 컴퓨터에 있어서 동영상은 이미지가 한 프레임씩 배열된 것이다. 컴퓨터는 이미지들 속의 사람이 어디에 있는지 모르며 해당 대상이 어떠한 운동을 했는지 알 길이 없다. 이 때문에 컴퓨터가 연속한 이미지 속에서 인체의 운동 특징을 얻을 수 있는 알고리즘을 설계해야 한다.

현실 세계에서 3차원 공간 속의 한 점이 어느 위치에서 일정한 시간을 거쳐 다른 위치에 도달하는 운동 과정을 변위와 속도 등의 물리량으로써 설명할 수 있다. 동영상 처리에서는 광학 흐름(optical flow)으로써 운동 과정을 설명한다. 정확히 말하면 광학 흐름이 설명하는 것은 3차원의 운동점(point)을 2차원 이미지에 투영(project)한 후의 상응하는 투영점의 운동이다. 우리가 처리하는 것은 운동을 촬영한 후의 2차원 이미지 데이터이기 때문에 2차원 투영점의 운동에서 간접적으로 현실 세계의 3차원 운동을 설명할 수밖에 없다.

　광학 흐름이 무엇인지 이해하기 위해 2차원 평면에서 움직이는 점을 1차원 직선에 투영하는 경우로 설명해 보자. [그림 5-7]에서처럼 t 시각의 한 점은 2차원 평면의 P_t 위치에 있다. 카메라의 촬영을 거쳐 1차원 직선 l 에서 해당 점이 투영한 점인 P'_t 를 얻게 된다. $\varDelta t$ 시간 지난 다음 해당 점은 $P_{t+\varDelta t}$ 위치로 이동했고, 직선 l 의 투영점은 $P'_{t+\varDelta t}$ 위치로 이동하였다. 벡터 $\overrightarrow{P'_t P'_{t+\varDelta t}}$ 는 점이 직선 l 에서의 이동 과정을 설명할 뿐만 아니라 실제 2차원 평면에서의 이동 상태와 거의 유사하다. 시간 간격인 $\varDelta t$ 가 충분히 작을 경우 벡터 $\overrightarrow{P'_t P'_{t+\varDelta t}}$ 는 투영점의 순간적 변위(displacement)로 볼 수 있으며 이것을 광학 흐름이라 한다.

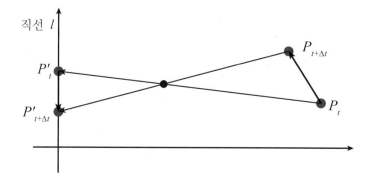

[그림 5-7]
2차원 평면에서 이동하는 점의 1차원 직선에서의 투영

　동영상 속의 광학 흐름을 어떻게 계산하는지 보도록 하자. [그림 5-8]은 동영상의 인접한 두 프레임인 $I(x, y, t)$ 와 $I(x, y, t+1)$ 이다. 광학 흐름은 동일한 점에 인접한 두 프레임 사이의 변위이기 때문에 광학 흐름의 핵심은 두 프레임 사이의 동일한 점을 대응하는 것이다. 서로 대응하는 점을 찾아내기 위해서 두 가지 중요한 가정이 필요하다.

① 인접한 두 프레임의 물체 변위가 작을 것.

② 인접한 두 프레임의 색상이 거의 변하지 않을 것.

이 두 가지 가정을 세우고 나면 이미지 속의 픽셀점이 t 시각에서 $t+1$시각에까지 이동한 후에도 위치, 색상과 밝기 변화는 크지 않을 것이다. 즉 t번째 프레임 $I(x, y, t)$의 픽셀점 $P = (x_1, y_1)$에 대해 $t+1$번째 프레임 $I(x, y, t+1)$에서 대응하는 위치 주변의 픽셀점 P와 색상이 일치하는 픽셀점 $P'(x_2, y_2)$를 찾았다면 P'를 P가 변위 후 도착한 위치로 볼 수 있다. 이처럼 대응하는 점을 획득하고 나면 t번째 프레임에서 P점의 광학 흐름인 $\omega: (u, v) = (x_2, y_2) - (x_1, y_1)$를 계산할 수 있다.

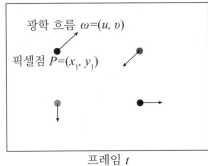 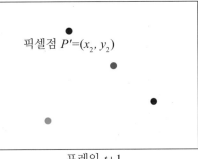

프레임 t | 프레임 $t+1$

[그림 5-8]
인접한 두 프레임에서 광학 흐름을 계산함.

실제 응용에서 광학 흐름의 예측은 가려짐, 밝기 변화, 운동으로 인한 흐림 등 여러 가지 기타 요인들을 고려해야 하기 때문에 기술적으로 여전히 매우 복잡하다.

[그림 5-9]에서처럼 (a)와 (b)는 서로 인접한 이미지 프레임이다. 파란색 네모 부분을 절취하여 광학 흐름을 계산하고 각 점의 광학 흐름 벡터를 화살표로 (c)에다 표시하였다. 이 중 화살표의 방향이 바로 해당 픽셀점의 운동 방향이다.

 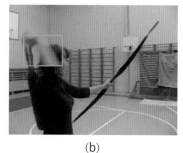 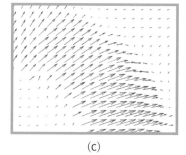

(a)　　　　　　　　(b)　　　　　　　　(c)

[그림 5-9] (c)는 인접한 프레임 (a)와 (b)를 계산하여 획득한 광학 흐름이다.

※ UCF101: 101개의 동영상 범주로 구성된 YouTube 에서 수집한 실감 나는 동영상의 행동 인식 데이터 세트. 이 데이터 세트는 50개의 동영상 범주가 있는 UCF50 데이터 세트의 확장이다.

[실험 5-1]

본 실험에서는 UCF101 데이터 세트의 동영상에서 광학 흐름을 추출하고, 원본 동영상에서 추출한 광학 흐름을 관찰함으로써 관련 지식에 대한 이해도를 높인다.

실험 절차:

1. UCF101 데이터 세트를 관찰하고 동영상의 기본적인 내용을 파악한다.
2. 함수를 사용해 동영상의 광학 흐름을 추출한다.
3. 함수를 이용해 광학 흐름을 시각화한다.
4. 광학 흐름의 특성을 관찰하고 원본 동영상과 비교하여 광학 흐름에 대한 이해도를 높인다.

광학 흐름 히스토그램

제3장에서 기울기 방향 히스토그램을 배웠다. 기울기 방향 히스토그램은 이미지 속의 기울기 방향 관련 정보의 통계로 이미지 속 물체의 윤곽 정보를 추출할 수 있으며, 컴퓨터가 이를 사용해 이미지 속 물체를 구분한다. 이와 유사하게 연구자들은 광학 흐름 히스토그램

(Histogram of Optical Flow, HOF) 특징을 제시하였다. 광학 흐름 히스토그램은 동영상 속의 광학 흐름 정보를 통계해 물체의 운동 정보를 표시함으로써 컴퓨터가 동영상 속 행동을 분류할 수 있도록 한다. 이제 광학 흐름 히스토그램에 대해 알아보자.

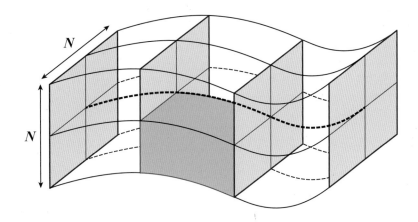

[그림 5-10]
12개의 시공간 셀

우선 시작의 시각을 t라 정하고 t시각일 때의 동영상 프레임에서 한 점을 선택하여 $P_t = (x, y)$라고 정한다. t시각에서부터 $t+L$시각까지의 모든 동영상 프레임에서 점 (x, y)를 중심으로 크기가 $N \times N$인 영역을 자른다. 그리하여 L개의 같은 크기의 국소적 이미지들로 구성된 시공간 용적(space-time volume)을 얻는다.

그리고 다시 해당 시공간 용적에 대해 각 이미지를 2×2 격자인 네 개의 더 작은 구역으로 나누고 시간 차원에서 같은 크기로 3등분한다. 이로써 [그림 5-10]에서와 같은 12(-$2 \times 2 \times 3$)개의 시공간 셀(space-temporal cell)을 얻는다.

이어서 각각의 셀 내부에서 각 픽셀 위치의 광학 흐름을 통계한다. 이미지 속 어느 한 픽셀점 (x, y)의 광학 흐름이 $\omega(x, y) = (u, v)$라고 가정해 보자. 이는 2차원의 벡터로써 u와 v는 각각 x축과 y축 방향의 광학 흐름의 양을 표시한다.

여기서 픽셀점 (x, y)의 광학 흐름 크기 $H(x, y) = \sqrt{u^2 + v^2}$와 픽셀점 (x, y)의 광학 흐름 방향 $\theta(x, y) = \tan^{-1}\left(\dfrac{v}{u}\right)$를 알 수 있다.

통계상의 편의를 위해 2차원 좌표계의 (0, 360) 범위를 각도가 45°인 8개의 동일한 부채꼴로 나눈다. [그림 5-11]에서처럼 한 시공간 셀 내부의 모든 픽셀점의 광학 흐름 벡터 (u, v)를 크기와 방향에 따라 좌표계에 그린다. 그리고 매개 부채꼴 내에 포함한 광학 흐름 벡터에 근거해 히스토그램 통계를 한다. 예를 들면 첫 번째 부채꼴 영역 내에는 크기가 0.8인 광학 흐름 벡터가 포함되었으므로 광학 흐름 히스토그램의 처음 칸에 0.8을 기록한다. 여섯 번째 부채꼴 영역 내에는 크기가 1.1과 0.6인 두 개의 광학 흐름 벡터가 포함되었으므로 광학 흐름 히스토그램 6번째 칸에 1.7(즉 1.1+0.6)을 기록한다. 모든 부채꼴 영역에 대한 통계를 완료하고 나면 해당 시공간 셀이 대응하는 광학 흐름 히스토그램을 얻고, 이 히스토그램의 정보를 하나의 8차원 벡터로 표시하면 해당 시공간 셀의 8차원 특징 벡터를 얻는다.

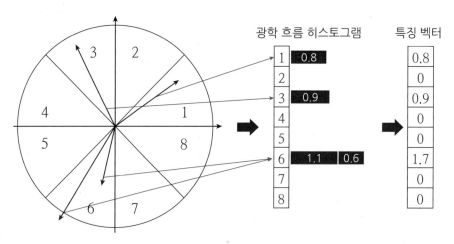

[그림 5-11]
광학 흐름 히스토그램

앞에서 설명했듯이 하나의 시공간 용적에는 12개의 시공간 셀이 포함되어 있으며, 각각의 시공간 셀에 대해 이러한 방식으로 8차원의 광학 흐름 히스토그램 특징 벡터를 계산할 수 있다. 그런 다음 이 12개의 8차원 특징 벡터를 일정한 순서에 따라 96차원(12×8)의 벡터로 만들고, 이것을 전체 시공간 용적에 해당하는 광학 흐름 히스토그램 특징 벡터로 사용한다.

생각과 토론

위의 예시는 비교적 간단한 것이다. 실제로 한 시공간 셀 내의 광학 흐름의 개수는 4개를 훨씬 초월한다. 그러나 더욱 많은 광학 흐름 벡터가 있다고 해도 여전히 이런 방법으로 계산하며, 최종 획득하게 되는 시공간 용적의 특징 벡터도 여전히 96차원이다. 왜 그런지 이유를 생각해 보자.

[실험 5-2]

광학 흐름 히스토그램과 서포트 벡터 머신을 이용해 UCF101 데이터 세트에서 행동 인식 작업을 완성하도록 한다.

실험 절차:

1. UCF101 데이터 세트를 관찰한다. 서로 다른 행동 범주의 동영상에 대해 기본적으로 파악하고 훈련 세트와 테스트 세트를 구분한다.
2. 함수로 모든 동영상에 대한 광학 흐름을 추출한다.
3. 훈련 세트에서 추출한 광학 흐름 히스토그램으로 10가지의 서포트 벡터 머신의 훈련을 완성하고 훈련 세트의 분류 정확도를 기록한다.
4. 훈련이 완료한 서포트 벡터 머신으로 테스트 세트의 광학 흐름 히스토그램을 분류하고 테스트 세트의 분류 정확도를 기록한다.

심화학습: 광학 흐름에서 밀집 궤적까지

    행동의 발생은 시작에서 종료까지 비교적 긴 시간이 지속된다. 광학 흐름은 오로지 인접한 두 프레임 간 대상의 운동을 설명할 뿐이다. 또한, 광학 흐름은 시간의 분할 또한 거칠고 나쁘다. 이런 방식은 운동의 시간 차원의 정보를 설명할 때 큰 한계를 갖는다. 더 정확하게 장시간의 운동을 설명하려면 연속적인 여러 프레임의 정보를 종합해야 한다. 본 절에서는 일정 시간 내 물체의 운동 상태를 설명하는 특징인 운동 궤적 특징을 배운다.

    [그림 5-12]에서처럼 t 번째 프레임 이미지 중 한 점의 좌표를 $P = (x, y)$라 하고 광학 흐름 정보를 이용하여 해당 점의 다음 프레임에서의 위치인 P_{t+1}을 계산할 수 있다. 이미 알고 있듯이 연속한 변위량으로 하나의 동작에 대한 과정을 설명할 수 있다. 따라서 $\Delta P_t = P_{t+1} - P_t = (x_{t+1} - x_t, y_{t+1} - y_t)$ 공식을 이용해 순서대로 특징점 P가 L개 프레임에서 변위량마다 계산해낼 수 있으며 나아가 벡터 $(\Delta p_t, \cdots, \Delta p_{t+L-1})$를 얻을 수 있다. 길이가 $2 \times L$차원인 이 벡터를 궤적(trajectory)라고 하며, 이것으로 일정 시간(L개 프레임) 내의 특징점 P의 운동 과정을 설명한다.

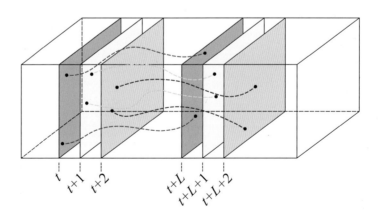

[그림 5-12]
표본점의 연속 L개 프레임 내에서의 운동 궤적

5.3 딥러닝 기반 동영상 속 행동 인식

제3장에서 합성곱 신경망이 이미지의 특징을 훌륭히 추출하여 이미지 인식을 할 수 있다. 또한, 동영상은 연속의 이미지 프레임으로 이루어졌다는 것도 알게 되었다. 그렇다면 합성곱 신경망을 어떻게 동영상 행동 인식에 적용시킬까? 지금부터 최근 주로 사용하고 있는 행동 인식 방법을 학습해 보자.

싱글 프레임 기반의 인식 방법

동영상 속 이미지 정보에서 시간 차원의 변화를 고려하지 않을 경우에는 동영상 속 무작위 프레임 이미지로도 동영상 전체 정보를 대표할 수 있다.

[그림 5-13]은 싱글 프레임 기반의 방법을 사용하여 동영상 인식을 설명하는 그림이다. 그림에서 제일 아래층은 동영상 속의 이미지 프레임 시퀀스(순차)를 표시하는데, 여기에서 무작위로 한 프레임을 선택한 후 동영상 전체의 기본값으로 합성곱 신경망에 입력하여 인식하도록 한다. 인식한 동영상의 설명이 상대적으로 정적인 행동(이를테면 텔레비전을 보거나 숙제를 하는 등)일 경우 싱글 프레임 이미지의 특징만을 사용해 분류해도 괜찮은 결과를 얻을 수 있다. 이런 경우에는 각 이미지 프레임 간의 차이가 크지 않으므로 한 장의 이미지로도 동영상의 대부분 정보를 대표할 수 있다. 그러나 운동성이 비교적 강한 상황에서의 행동을 인식하는 것은 연속한 동작을 모두 고려해야 한다. 높이뛰기와 멀리뛰

기를 예로 들면, 도움닫기 과정은 유사하기 때문에 싱글 프레임으로는 두 가지 운동을 구분하기 어려우며, 분류의 정확도가 많이 떨어진다.

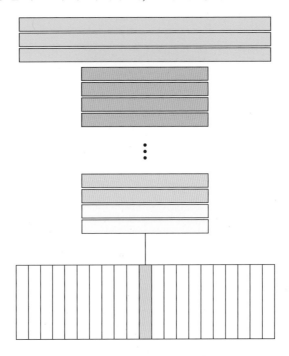

[그림 5-13]
싱글 프레임 행동
인식 설명도

듀얼 스트림 합성곱 신경망

앞에서 배운 바와 같이 시간 차원의 이미지 프레임 변화를 생략하고 동영상을 정지 상태의 이미지와 같다고 볼 경우 동영상의 정적인 정보만을 획득하고 소실된 동적인 정보는 행동 인식의 정확도에 영향을 준다. 동영상 행동 인식에서 동적인 정보를 획득하는 것, 즉 동영상에 대한 시간 차원의 표현을 학습하는 것은 인식 정확도를 향상하는 요인이며 운동성이 강한 동영상일수록 더욱 그러하다. 그렇다면 동영상 속의 운동 정보를 어떻게 설명해야 할까?

아마 당연히 앞에서 배운 광학 흐름 정보를 이용해야 한다. 그러면 어떻게 광학 흐름 중의 운동 특징을 추출하여 행동 인식에 사용할까?

앞에 나왔던 [그림 5-9(c)]에서 광학 흐름은 각각의 픽셀에 수평과 수직 방향의 변위를 각각 대표하는 두 개의 흐름이 있다. [그림 5-14(b)]에서처럼 모든 수평 방향의 변위를 추출하여 그들의 값을 0에서 255 사이에 크기 조정(scaling)해 놓으면 그레이 스케일 이미지 한 장을 얻을 수 있는데, 이를 수평 방향의 광학 흐름 그레이 스케일 이미지라고 한다. 같은 방식으로 수직 방향의 광학 흐름 그레이 스케일 이미지도 얻을 수 있다. 수평과 수직의 광학 흐름 그레이 스케일 이미지는 합성곱 신경망에 입력하여 동영상 속의 운동 특징을 추출할 수 있다.

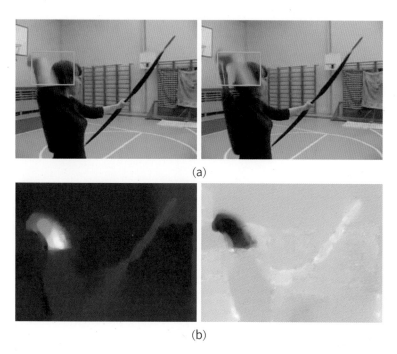

(a)

(b)

[그림 5-14] (a) 인접한 동영상 프레임 및 광학 흐름 이미지 (b) 동영상 속 연속적인 두 프레임 이미지 (b)의 수평 광학 흐름 이미지와 수직 광학 흐름 이미지

이제 동영상의 정보를 정적인 상태와 동적인 상태 두 부분으로 나눈다. 정적인 정보란 이미지의 개체에서 겉으로 드러난 것으로써 관련 배경과 개체 등이 포함되며, 이것들은 정적인 이미지 프레임에서 얻을 수 있다. 동적인 정보란 동영상 시퀀스 중 개체의 운동 정보로써 관찰자와 물체의 운동 등을 포함하며 광학 흐름 그레이 스케일 이미지로 얻을 수 있다. 동영상 행동 인식 중 널리 응용되는 듀얼 스트림 합성곱 신경망(tow-stream CNN)이 바로 두 개의 서로 다른 네트워크를 이용해 정적인 정보와 동적인 정보를 동시에 처리한다. [그림 5-15]에서처럼 무작위로 선택한 하나의 컬러 이미지 프레임을 입력으로 하는 신경망을 공간 스트림 합성곱 신경망(spatial stream CNN)이라고 하며, 여러 프레임(예를 들면 10프레임)의 광학 흐름 이미지를 입력으로 하는 신경망을 시간 스트림 신경망(temporal stream CNN)이라고 한다. 듀얼 스트림 합성곱 신경망이 사용하는 것은 두 개의 독립적인 합성곱 신경망이기 때문이다.

두 개의 스트림이 각 행동의 값을 획득한 후에 종류에 따라 평균값이나 최댓값을 취하는 방법을 적용하여 두 스트림의 행동에 대한 값을 융합해야 한다.

듀얼 스트림 인식의 구조에서 시간 스트림 합성곱 신경망은 입력한 광학 흐름 이미지로 특징을 추출한다. 앞에서 설명한 바 있는 광학 흐름 히스토그램을 돌이켜보면 둘은 모두 광학 흐름에서 특징을 추출한다. 그렇다면 이 둘은 방법상 어떤 차이가 있을까? 사실 광학 흐름 히스토그램은 광학 흐름의 방향에 가중치를 부여해 통계함으로써 광학 흐름 방향 정보의 히스토그램을 얻는 수작업으로 설계한 특징이다.

그러나 듀얼 스트림 인식의 구조에서는 광학 흐름을 수평과 수직의 광학 흐름 이미지로 분리하여 합성곱 신경망에 입력해서 운동 특징을 추출하는데, 이는 컴퓨터가 자동으로 광학 흐름 이미지 속의 운동 정보를 학습한다. 수작업으로 설계한 광학 흐름에 비해 합성곱 신경망은 더욱 효율적인 특징 표현 능력이 있다. 신경망을 사용해 낮은 레벨의 픽셀 특징에서부터 높은 레벨의 의미론적 특징에 이르기까지 단계별로 추출하므로 보다 효과적으로 행동 인식을 할 수 있다.

[그림 5-15] 듀얼 스트림 행동 인식 설명도

주의해야 할 점은 여기에서 광학 흐름 이미지를 서로 겹치는 것은 시간 순서가 인접한 프레임 간의 운동 정보를 포착하기 위한 것이므로 입력한 프레임 수가 너무 적으면 시간 순서의 정보를 불완전하게 포착하여 비교적 긴 동영상 시퀀스를 대표할 수 없다. 또한, 입력한 프레임 숫자가 너무 많으면 계산량이 증가한다. 그렇다면 어느 정도의 프레임 수를 입력하는 것이 적당한가? 진행을 하는 과정에 광학 흐름 프레임 수를 일정 정도까지 선택하면 프레임 수가 인식의 정확도에 미치는 영향이 미미해졌음을 발견할 수 있다. 해당 임계값을 사용하면 정확도와 속도의 균형을 잡을 수 있다.

※ VGG16 네트워크: Very Deep Convolutional Networks로서 Image Detection에서 망의 깊이(Depth)가 정확도에 주는 영향을 실험적으로 분석(은닉 계층을 총 16개로 구성한 VGG16 구조)

※ 툴킷: 프로그램 개발 도구(구글의 교육자와 학습자가 신뢰하는 코딩 교육으로서 맞춤형 원스톱 코딩 플랫폼 mblock, makeblock.com)

[실험 5-3]

실험 절차:

1. 툴킷이 제공하는 함수로 UCF101 데이터 세트에서 훈련 세트와 테스트 세트의 동영상에 대해 각각 프레임 추출과 광학 흐름 추출을 진행한다.

2. 툴킷이 제공하는 함수와 UCF101 훈련 세트에서 추출한 이미지 프레임 및 광학 흐름 이미지를 이용해 시간 스트림 신경망과 공간 스트림 신경망의 훈련을 각각 진행한다. 신경망의 훈련 데이터 분류 정확도를 각각 기록하고 비교한다.

3. UCF101 훈련 세트에서 툴킷이 제공하는 함수를 이용해 서로 다른 프레임 수량의 연속적 광학 흐름이 시간 스트림 신경망의 인식 정확도에 미치는 영향을 연구한다.

4. 시간 스트림 신경망과 공간 스트림 신경망의 출력을 1:1로 가중치를 부여하여 융합한다고 해서 최고의 테스트 정확도를 획득하는 것은 아니다. 서로 다른 실험 설정에 따라 최선의 가중치 부여 융합 비율도 서로 다르다. 현재 상황에서 최적의 융합 비율을 찾도록 한다.

5. UCF101 테스트 세트를 이용해 훈련을 완료한 듀얼 스트림 합성곱 신경망을 테스트하고 테스트 세트의 분류 정확도를 기록한다.

6. 듀얼 스트림 합성곱 신경망과 기존의 형식 분류 시스템의 분류 정확도를 비교한다.

긴 동영상의 처리: 시간 세그먼트 네트워크

짧은 동영상(10초 정도)에 대해 듀얼 스트림 신경망은 훌륭히 인식할 수 있다. 긴 동영상 인식에서 문제는 비교적 긴 시간에 대해 어떻게 모델링을 하는가이다. 이에 따라 긴 동영상 데이터(몇 분간)를 처리하는 신경망인 시간 세그먼트 네트워크(temporal segment networks , TSN)를 설명한다. TSN은 동영상 속의 긴 시간에서 움직이는 행동을 해결하기 위해 제시되었다.

동영상에서 긴 시간 동안의 운동 정보를 획득하기 위해 시간 스트
림을 밀집(dense)하게 샘플을 수집하게 되면, 더 많은 광학 흐름 프레임
으로 운동의 시작에서 끝까지의 과정을 보완해야 한다. 그리고 과다한
광학 흐름 프레임은 과다한 계산량이 필요하므로 응용과 배포를 하기
에 적합하지 않다. 또한, 동영상 속의 연속적인 프레임은 불필요한 중
복이 비교적 많다. [그림 5-16]에서처럼 인접한 프레임은 서로 매우
흡사하기 때문에 밀집하게 샘플 수집을 하면 수집된 이미지도 서로 매
우 흡사하다. 인접한 프레임 사이에서 시간적으로 적게(sparse) 수집하
면 계산의 비용도 줄일 수는 있고, 동영상의 중요한 정보도 빠뜨리지
않으므로 밀집한 샘플 수집보다 더 효율적이다.

[그림 5-16] 연속적인 동영상 프레임

희소 시간 샘플링(sparse temporal sampling) 방법은 길이가 서로 다른 데
이터에 대해 시간의 선후에 따라서 고정 수의 클립으로 나누는 것이
다. 예를 들면 각 반의 학생이 몇 명이든 전부 6조로 자리를 배치하여
학생 수가 많으면 조마다 사람 수가 증가하고, 적으면 줄어드는 것과
같다. 각 클립에서 특징을 추출하면 전부 고정된 길이의 특징을 획득
할 수 있으므로 뒤에 고정 길이의 데이터를 처리하는 네트워크를 하나
더 연결하면 된다. 앞에서 이미 설명했듯이 동영상 클립에서 특징을
추출하는 방법에는 여러 가지가 있다. 가장 간단하게 하나의 샘플 프

레임만을 추출할 수도 있고, 듀얼 스트림 합성곱 신경망을 사용할 수
도 있다. 시간 세그먼트 네트워크는 마치 반에 있는 각 그룹의 학생에
게 작품 제출 과제를 내는 것과 같다. 한 학생을 선택해서 완성할 수도
있고, 각 학생들이 다른 방식으로 분업하여 함께 작업을 완성할 수도
있다.

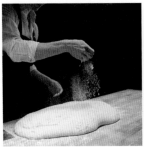

[그림 5-17]
긴 동영상의 예시

　　요리하기와 같은 복잡한 행동은 연속적인 동작으로 구성된다. 일부
짧은 변환(화면 전환)도 존재하지만, 비교적 긴 시간을 걸치는 동영상이
므로 최종의 행동 값은 각각의 시간 토막에서의 행동을 융합하여 전체
동영상의 행동 종류를 획득해야 한다.

　　[그림 5-18]은 시간 세그먼트 네트워크의 설명도이다. 구체적인 조
작 방법은 시간적으로 입력 동영상을 여러 클립(그림에서는 세 클립으로 나
눔)으로 나누고 각 클립에서 무작위로 연속적인 광학 흐름 이미지와 이
미지 프레임을 선택한다. 각각의 클립을 모두 듀얼 스트림 합성곱 신
경망 구조로써 행동 인식을 진행한다. 마지막에 세 클립의 분류 값을
융합하여 전체 동영상의 행동 범주를 얻는다. 각 클립은 모두 동영상
의 예측에 이바지하며, 각각 일차적으로 동작의 유형을 예측한다. 그
다음 각각의 클립에 대한 예측을 융합하여 동영상 전체에 대한 예측을
얻는다.

시간 세그먼트 네트워크를 사용한 긴 동영상 인식의 핵심은 동영상을 시간에 따라 나눔으로써 샘플 수집이 전체적으로 균일하게 분포되도록 하는 데 있다. 따라서 네트워크는 긴 시간의 구조를 실행할 수 있고 모델 또한 동적으로 동영상 전체를 포함할 수 있다.

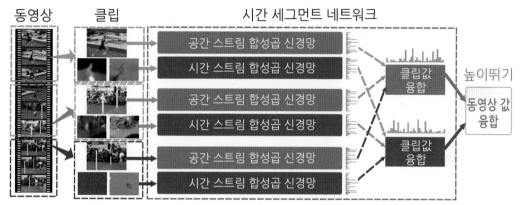

[그림 5-18] 시간 세그먼트 네트워크의 설명도

5.4 이 장의 요약

이 장에서 동영상 행동 인식에 대한 설명으로 동영상과 이미지의 차이와 연관성을 알게 되었고, 동영상의 시간적 구조에 대해 모델링을 해야 하는 중요성을 알게 되었다. 동영상의 시공간 특징을 어떻게 효과적으로 추출하고 표현하는지도 파악하였다.

구체적으로는 광학 흐름 히스토그램과 궤적이 각각 서로 다른 방식으로 동영상 속 행동의 운동 특성을 학습하여 동영상 인식의 토대를 닦아 놓았다. 딥러닝 방법 중에서 합성곱 신경망을 이용해 동영상의 광학 특징에 대해 추가적으로 더 효율적인 추출과 표시를 진행하고 듀얼 스트림 구조로써 동영상의 운동 정보와 겉으로 드러난 정보를 분류하였다. 마지막으로 긴 동영상 속의 행동 인식을 해결하기 위해 희소 시간 샘플링 방법과 시간 세그먼트 네트워크를 간단하게 설명하였다.

동영상은 이미지, 음성 클립, 텍스트 등 다양한 형식의 정보를 하나로 묶여 있는 것이다. 이런 동영상 정보를 어떻게 여러 방면의 기술로 결합하여 분석하고 이해할 것인지 앞으로 계속하여 흥미를 가지고, 탐색하고 연구해야 할 과제이다.

제6장 범주(category) 분류 정리

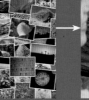

사진   정리된 사진첩

아리가 태어난 날부터 시작해 디지털카메라로 아리의
일상생활을 기록하였다.
청소년이 된 아리는 아빠의 카메라로 부모님의 젊은 시절
모습과 자신의 어릴 때 모습, 이젠 연락조차 없는 어릴 적
친구들을 다시 살펴보았다. 그런데 카메라에는 아리가
아는 사람들 외에도 아빠의 동료, 엄마의 친구, 손이 가는
대로 찍은 풍경 사진 등도 섞여 있었다.
아리는 넘김 버튼을 눌러 그런 사진들을 건너뛰면서
속으로 생각하였다.
'컴퓨터가 자동으로 사진을 정리할 수 없을까?'

6.1 인공지능이 꽃 명칭을 들어본 적이 없는 경우

[그림 6-1]
가스페 반도의 아이리스

약 100년 전, 식물학자 에드거 앤더슨이 캐나다 가스페 반도에서 아이리스 150송이를 조사하였다. 앤더슨은 이 150송이에 대한 외관적 특징과 품종을 자세하게 기록하였다. 이 데이터는 지금까지 전해져 오며, 많은 인공지능이 처음으로 이미지를 인식할 때 사용하는 '기본 자료'가 되었다. 제2장에서 나왔던 분류기도 바로 이 데이터를 사용해 아이리스 품종을 분류하는 법을 배운 것이다.

분류기의 아이리스에 대한 지식은 앤더슨의 식물학 지식에서 유래하였다고 할 수 있다. 분류기가 앤더슨이 제공한 품종 주석 정보의 지도에 따라 아이리스 품종 분류법을 배웠기 때문이다. 이처럼 데이터의 주석 정보를 훈련해야 하는 학습 과정을 지도학습이라고 한다. 앞에서의 아이리스, 이미지, 음성 클립, 동영상 등에 대한 분류는 모두 주석 정보가 필요한 과정이었다. 따라서 모든 것은 지도학습에 속하는 것이다.

인류의 역사는 수백만 년 전으로 거슬러 올라가지만, 겨우 300년 전에 비로소 과학적이고 완전한 생물 분류 체계를 갖추게 되었다. 이 체계를 제기한 사람은 바로 현대 생물분류학의 아버지로 불리는 칼 폰 린네(Carl von Linné)이다. 젊은 린네는 자신의 일기에 이렇게 썼다. "생물과 생물 사이에, 그리고 생물과 대자연 사이에는 왜 이토록 흥미로운 관계가 넘치는가?" 만약에 인공지능이 혼자 힘으로 가스페 반도에 갈 수 있다면 호기심이 넘치는 린네처럼 생물들 사이의 관계를 탐색하고자 했을까? 만약에 인공지능이 아이리스의 명칭들을 들어본 적이 없다면, 아이리스에 대해 품종 분류를 할 수 있을까?

제2장에서의 아이리스의 분류 작업과는 다르게 생물을 분류할 때 인공지능이 참고할 수 있는 범주의 주석 정보가 없는 경우를 설명한다.

이처럼 주석 정보가 없는 학습 과정을 비지도학습이라고 한다. [그림 6-2] 왼쪽 부분은 인공지능의 시각으로 보는 지도학습 과정 중의 아이리스 데이터이다. 범주의 주석 정보에 따라 특정 공간을 두 부분으로 갈라 놓아 아이리스 버시컬러와 세토사를 확연히 구분하는 최적의 직선을 아주 쉽게 찾아낼 수 있다. [그림 6-2]의 오른쪽 이미지는 비지도학습의 경우이다. 주석 정보의 지도가 없는 경우 어느 것들이 같은 품종의 아이리스인지 분류하기가 매우 어려우며 한 직선으로 아이리스를 분류해 놓기 어려워 보인다.

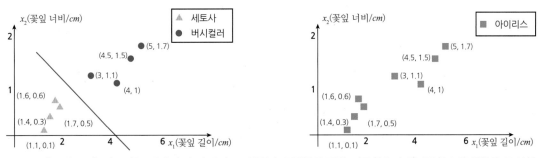

[그림 6-2] 인공지능 시각 속의 아이리스: 왼쪽과 오른쪽은 각각 지도학습과 비지도학습의 상황을 표시함.

다행히 지도 역할의 주석 정보가 없더라도 같은 품종의 아이리스는
꽃잎 너비와 길이가 비슷하다는 것은 알 수 있다. 즉 특징 공간에서 가
까운 두 샘플 포인트가 같은 품종의 아이리스일 가능성이 매우 크다는
것이다. [그림 6-3] 왼쪽 이미지에서 볼 수 있듯이 특징 공간 속의 아
이리스는 대략 두 그룹으로 밀집되어 있다. α와 β처럼 같은 그룹에 속
한 두 개의 아이리스는 비슷한 꽃잎 너비와 꽃잎 길이를 갖고 있다. 또
α와 γ처럼 서로 다른 그룹에 속한 두 개의 아이리스는 특히 꽃잎의 길
이 차이가 매우 크다. 시각적으로는 이 두 그룹의 아이리스는 서로 다
른 품종에 속한다. [그림 6-3]의 오른쪽 이미지에서처럼 이 두 그룹의
아이리스를 각각 A종류의 아이리스와 B종류의 아이리스로 분류할 수
있다.

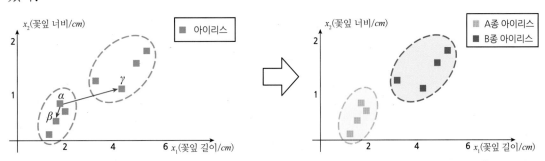

[그림 6-3] 아이리스가 특징 공간에서 밀집된 상황에 따라 분류할 수도 있음.

이를 통해 데이터의 특징 공간에서의 분포를 분석하는 것으로도 데이터를 분류할 수 있음을 알 수 있다. 이런 분류 방법을 군집화(clustering)라고 한다. 군집화의 목표는 샘플들을 여러 집합으로 나누어서 동일한 집합 내의 원소가 최대한 '비슷'하거나 서로 '근접'하도록 하는 것이다. 군집화의 중요한 가정 중 하나는 특징 공간 속에서 가까운 두 샘플은 같은 종류일 가능성이 크다는 것이다. 이 가정은 모든 데이터에서 성립하는 것은 아니다. 군집화 알고리즘을 사용할 경우에는 특히 이 부분에 대해 주의해야 한다. 군집화는 비지도학습 과정의 하나로써 데이터 범주에 대한 주석이 필요하지 않으며 심지어 종류를 미리 정할 필요도 없는 경우에 자주 사용되는 분석 방법이다.

이 장에서 인공지능은 마치 진정한 과학자처럼 스스로 아이리스의 데이터에서 패턴을 찾고 서로 다른 품종의 아이리스를 분류하게 된다.

6.2 아이리스의 K-평균 군집화 알고리즘

【문제】 N 송이의 아이리스가 있다. n번째 아이리스의 특징 공간에서의 좌표는 아래와 같다.

$$x_n = (a_n, b_n), \quad n = 1, 2, 3, \cdots, N$$

이 중 a_n과 b_n은 각각 n번째 아이리스의 꽃잎 너비와 꽃잎 길이를 의미한다. 인공지능이 아이리스의 품종을 모른다는 가정에서 N송이의 아이리스를 K종류로 나누고, 같은 종류의 샘플은 특징 근삿값이 매우 높고, 다른 종류의 샘플은 특징 근삿값이 매우 낮도록 한다. 아래에 군집화 방법 한 가지를 설명한다. 해당 방법의 주요 맥락은 무작위의 한 분류 그룹에서 출발하여 조정을 거쳐 목표를 점진적으로 달성하는 것이다.

[그림 6-4]와 같은 분류 방식에 대해 모든 군집의 아이리스 꽃잎 평균 너비와 평균 길이를 계산하면 각 군집의 군집 중심점(cluster center)을 얻을 수 있다. 각 중심점은 그림의 적색 표시에 위치한다. 군집 중심점은 한 품종의 아이리스의 평균 특징에 의해 결정된 것이기 때문에 해당 품종 아이리스의 대표가 될 수 있다. 임의의 아이리스 한 송이가 어느 한 군집 중심점과의 거리가 작을수록 해당 품종의 아이리스에 가까워지며, 그 품종은 아이리스일 확률이 더욱 높다.

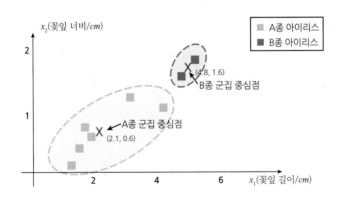

[그림 6-4]
아이리스 종류별 군집 중심점

[그림 6-5]를 관찰해 보면, A종류의 아이리스인 γ가 B종류의 군집 중심점에 더 가까운 것을 발견할 수 있다. 이는 γ가 B종류의 아이리스에 더 근사함을 의미한다. 이는 같은 종류의 샘플 간 특징 근삿값이 더 높고 다른 종류의 샘플 간 특성 근삿값이 더욱 낮다는 군집화의 목표

에 어긋난다. 해결 방법은 아주 간단하다. 아이리스 γ를 B종류에 포함
하면 된다.

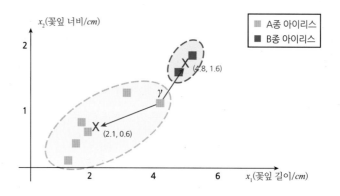

[그림 6-5]
목표에 어긋나는
샘플 γ

분류 방식의 변화로 인해 군집 중심점도 변화했으므로 다시 군집
중심점을 계산한다. 결과는 [그림 6-6]과 같다. 그러나 새로운 분류 방
식 중에서 다시 A종류의 아이리스인 ω가 B종류의 군집 중심점에 더
가깝다는 새로운 문제점을 발견할 수 있다. 계속해서 분류 결과를 최
적화하기 위해 아이리스 ω를 B종류에 포함시킨다.

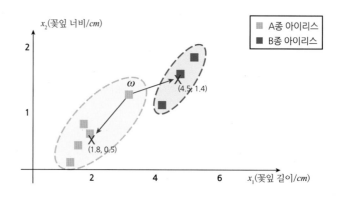

[그림 6-6]
목표에 어긋나는
샘플 ω

[그림 6-7]에서처럼 여러 차례 수정을 거쳐 모든 아이리스가 모두 군집화의 목표에 부합하는 만족스러운 분류 방식을 얻는다.

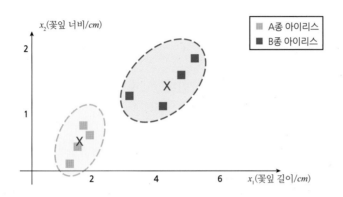

[그림 6-7]
K-평균 군집화 결과

앞에서 설명한 군집화 방법이 바로 K-평균 군집화(K-means clustering) 알고리즘이다. K-평균 군집화 알고리즘에서 샘플의 분류 방식을 알고 있을 경우, 각 종류 샘플의 군집 중심점을 계산할 수 있다. 반대로 군집 중심점을 알고 있을 경우, 더욱 훌륭한 분류 방식을 얻을 수 있다. 군집 중심점과 분류 방식이 더 이상 변화가 없을 때까지 계속해서 순환적으로 중심점과 분류 방식을 개선함으로써 더욱 훌륭한 군집화 결과를 얻을 수 있다.

그렇다면 최초의 군집 중심점은 어떻게 얻는가? 우선 군집화할 종류 숫자인 K를 결정하고 모든 샘플 중에서 무작위로 K개의 샘플을 선택하여 군집 중심점으로 선택하면 군집 중심점의 초기 설정이 완성된다.
완전한 K-평균 군집화 알고리즘은 다음과 같다.

K-평균 군집화 알고리즘:

첫 번째, 무작위로 모든 샘플 중에서 K개의 샘플을 선택하여 각 범주의 초기 군집 중심점으로 삼는다.

두 번째, 각 샘플을 가장 가까운 군집 중심점에 해당하는 범주에 포함하고 새로운 분류 방식을 얻는다.

세 번째, 다시 각 샘플의 군집 중심점을 계산한다.

군집 중심점과 분류 방식이 변화하지 않을 때까지 두 번째와 세 번째 과정을 반복한다.

이제 아이리스 데이터 세트를 사용해 K-평균 군집화 알고리즘을 실행해 보겠다. 제2장과 앞에서의 예시에서는 해당 데이터 세트 중의 아이리스 버시컬러와 아이리스 세토사, 두 데이터만 사용했지만 완전한 아이리스 데이터 세트에는 버지니아 아이리스(virginia iris)도 포함되어 총 세 종류가 있다. 문제의 난이도를 높이기 위해 세 종류의 데이터를 전부 사용하여(범주 정보는 숨기고 사용하지 않는다) 군집화를 진행한다.

[그림 6-8]은 $K=3$인 경우의 아이리스 데이터 세트에서의 K-평균 군집화 과정을 보여 주고 있다. 원형은 아이리스 샘플을 표시하고, 네모는 종류별 아이리스의 군집 중심점을 표시하며, 색상은 군집화한 각 종류를 표시한다. 세 번의 업데이트 후 아이리스는 상대적으로 집중된 세 그룹으로 분류하였음을 알 수 있다.

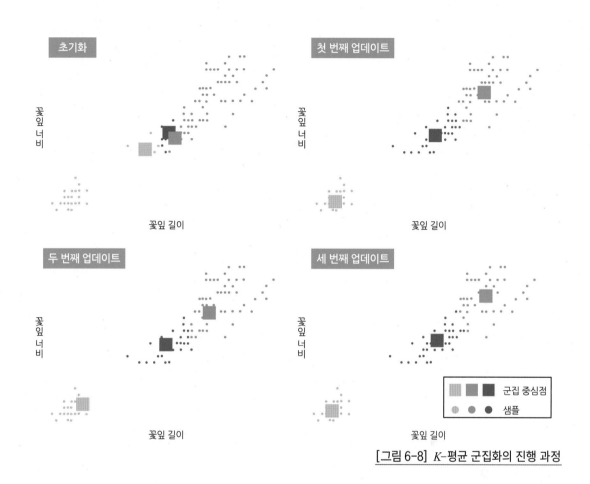

[그림 6-8] K-평균 군집화의 진행 과정

K-평균 군집화를 거친 후, 샘플은 A, B, C 세 종류로 분류한다. 각 종류에 다른 품종의 아이리스가 섞여 있는 비율은 [그림 6-9]와 같다.

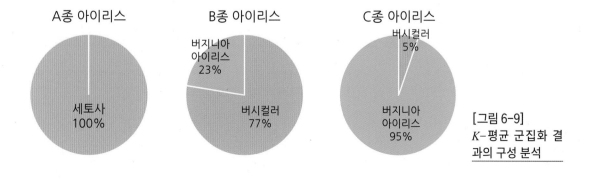

[그림 6-9]
K-평균 군집화 결과의 구성 분석

이 중 A종류 아이리스는 전부 세토사로 구성되었으며, B종류의 아이리스는 주로 버시컬러로 구성되었고, C종류는 주로 버지니아 아이리스로 구성되었다. 비록 아이리스의 품종에 대한 정보를 제공하지 않았지만 K-평균 군집화 알고리즘은 샘플 특징 분석으로 세 종류의 아이리스가 존재하는 것을 발견했으며, 대체로 정확하게 세 품종을 분류해 냈다. 이것은 이 책의 내용 중에서 처음으로 인공지능이 인간의 지식에 의지하지 않고, 처음으로 독자적인 관찰을 해서 자신만의 답을 얻은 경우이다.

[실험 6-1]

1. 본 절에서 설명한 과정에 따라 아이리스의 꽃잎 길이와 너비를 특성으로 K-평균 군집화를 사용해 아이리스를 세 개의 그룹으로 분류한다.
2. 앤더슨은 아이리스의 꽃잎 길이와 너비를 기록했을 뿐만 아니라 꽃받침 조각의 길이와 너비도 기록하였다. 이 네 가지 특성을 사용해 아이리스를 $K = 3$인 K-평균 군집화를 진행한다. 군집화 결과 중의 각 그룹에 몇 송이의 세토사, 버시컬러, 버지니아 아이리스가 포함되었는지를 통계화한다.
3. 두 실험의 군집화 통계 결과가 어떻게 다른가? 왜 그런가?

6.3 앨범 사진의 얼굴 군집화

아리는 옹알거리며 말을 배우기 시작할 때부터 이웃들과 함께 찍은 사진이 많이 지니고 있다. 이 소중한 사진들은 아리의 가족 및 친구들과의 추억을 기록하고 있다. 그러나 누군가와의 추억을 되살리려고 할

때 또는 프로필 사진으로 쓰고자 할 때 어쩔 수 없이 모든 사진을 전부
찾아보아야 하고, 또 사진을 정리하는 데 시간이 많이 소요됐다. 이제
는 인공지능이 아리를 도와 앨범을 정리하고 함께 촬영된 사람에 따라
자동으로 사진을 분류해 준다.

[그림 6-10] 앨범 사진을 군집화하는 절차

앞에서 아이리스를 특징 공간의 특징점으로 간주하고 K-평균 군집
화 알고리즘으로 아이리스의 특징을 군집화하였다. 이와 마찬가지로
사진 속의 사람 얼굴 또한 특징을 추출하여 각 얼굴을 특징 공간의 특
징점으로 표시하면 K-평균 군집화 알고리즘으로 비슷한 사람 얼굴을
한데 모을 수 있을 것이다.

특징 추출은 군집화의 효과에 매우 중요하다. 그렇다면 어떻게 얼굴
의 특징을 추출할까? [그림 6-10]에서처럼 주어진 한 앨범 속의 모든
사진을 각각 얼굴 탐지, 얼굴 정면화(face frontalization), 특징 추출 등 과정
을 진행하고 나면 얼굴 군집화 특징을 얻게 된다.

다음에는 [그림 6-10]의 절차에 따라 [그림 6-11]의 사진에 대해
차례대로 얼굴 특징을 추출해 보도록 한다.

[그림 6-11]
사람이 포함되어 있
는 한 장의 사진

얼굴 탐지

얼굴 탐지의 목적은 이미지 속 얼굴의 위치를 확인하는 것이다. 사진들을 분류할 때 사진 속에 나타난 인물에만 주목한다. '얼굴'의 특성이야말로 사람의 신분을 식별하는 중요한 정보이기 때문이다. 사진의 배경이나 인물들의 옷차림 등의 연관성이 없는 정보는 판단을 방해한다. 따라서 [그림 6-12]에서처럼 우선 미리 훈련을 마친 얼굴 탐지기로 사진 속의 얼굴 위치부터 찾아낸다. 그다음 절차는 오로지 얼굴이 포함된 영역에 대해서만 분석을 진행한다.

얼굴 탐지기의 원리는 이미 제2장에서 설명했었다. 얼굴 탐지는 매우 높은 수준의 기술로써 뛰어난 성능과 강력한 간섭 방지 기능을 갖춘 얼굴 탐지기를 직접 사용할 수 있다.

[그림 6-12]
얼굴 탐지 : 초록색
프레임이 얼굴 위치
를 표시함.

얼굴 정면화(face frontalization)

　얼굴 정면화의 목적은 모습이 제각각인 얼굴을 정면으로 향하도록 하기 위함이다. 동일 인물의 상이한 사진 특징이 더욱 유사할수록 군집화 알고리즘은 더욱 쉽게 해당 사진들을 같은 그룹으로 분류한다. 그런데 [그림 6-13]에서처럼 비록 얼굴 탐지를 사용해 영역을 얼굴 부분으로 좁혀 놓았지만 얼굴의 방향은 여전히 동일 인물의 사진이 다르게 보이도록 하여 특징 추출 결과를 방해한다.

[그림 6-13]
모습이 서로 다른
얼굴

이런 문제를 해결하기 위해 우선 얼굴의 핵심(KeyPoint: 눈, 코, 입)을 찾아낸다. 그다음 핵심(KeyPoint)의 위치를 근거로 이미지에 적당한 기하학적 변환(크기 조절, 늘리기, 기울기 조절)을 주어서 얼굴이 일률적으로 정면을 향하도록 한다.

[그림 6-14]는 얼굴 보정과 얼굴 정면화의 과정을 나타내고 있다. 그림에서 얼굴이 비스듬하게 정면을 향하던 데서부터 정면을 향하게 바뀌는 과정을 볼 수 있다. 얼굴 보정은 얼굴의 모습으로 인한 방해 요인을 대부분 제거해 준다.

기존의 얼굴 　　　　　　 키포인트 획득 　　　　　　 정면화 후의 얼굴

[그림 6-14] 얼굴 보정과 얼굴 정면화: 녹색 점은 얼굴의 키포인트를 의미함.

얼굴 탐지와 비슷하게 얼굴 보정과 정면화도 인공지능 분야에서 매우 높은 수준의 기술에 속하며 컴퓨터가 자동으로 완성할 수 있다.

특징 추출

얼굴 모습으로 인한 노이즈를 제거하고 나면 신경망으로 각각의 키포인트 주변에서 특징을 추출할 수 있다. 어떠한 신경망으로 특징을 효과적으로 추출할 수 있을까?

앞에서 신경망으로 분류하는 방법을 배운 바 있다. 훈련 과정에 분류 작업의 차이에 따라 신경망의 층마다 모두 샘플의 종류를 구분하는 최적의 특징을 자동으로 찾아낸다.

예를 들면 제3장의 이미지 분류 작업에서 신경망이 찾아낸 특징이 바로 이미지 속 사물의 종류를 가장 잘 구분할 수 있는 정보를 포함하고 있다. 그리고 얼굴 인식 작업에서 신경망은 얼굴 주인의 신분을 판단하도록 요구되는데, 신경망이 찾아낸 특징이 바로 각 얼굴 간의 차이를 더욱 잘 구분할 수 있다.

이번 앨범 사진 군집화의 작업에서 사진 속에 어떤 사물이 나타났는지보다 사진 속 인물의 신분에 더욱 주목한다. 따라서 마땅히 얼굴 인식에 적합한 신경망을 선택하여 얼굴 특징을 추출해야 한다.

[그림 6-15]는 특징 추출의 과정을 나타내고 있다. 얼굴 이미지를 합성곱 신경망에 입력한 다음, 뒤에서 두 번째 층의 신경망의 출력으로 해당 얼굴을 표현하는 특징으로 삼는다.

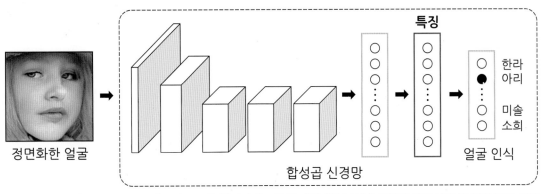

[그림 6-15] 특징 추출: 적색 테두리로 표시된 특징이 바로 추출을 통해 얻은 특징

여기에서 얼굴 특징을 추출하는 데 사용된 신경망은 다른 데이터 세트에서 미리 훈련을 완료한 모델이라는 것을 유념하기 바란다. 이 신경망은 비록 훈련할 때 아리와 그의 친구들을 만난 적이 없지만, 해당 신경망이 추출해 낸 특징은 새로운 얼굴들을 군집화하는 데에도 여전히 사용할 수 있다. 훌륭한 신경망은 뛰어난 확장 능력을 갖추고 있기 때문이다.

생각과 토론

신경망의 마지막 층이 아닌 뒤에서부터 두 번째 층의 출력을 특징으로 결정한 것은 무엇 때문일까?

[실험 6-2] 사진 속의 얼굴 특징 추출하기

1. 가족이나 친구의 디지털 사진을 수집하여 컴퓨터에 입력한다. 가족사진 앨범이나 학급의 사진 앨범, 실험 플랫폼이 제공하는 사진 앨범을 사용해도 된다.
2. 제공되는 얼굴 탐지기에 사진을 입력하고 얼굴의 위치와 키포인트의 위치를 얻는다.
3. 사진 속의 얼굴 부분을 잘라내서 배경을 제거하고 얼굴 이미지를 얻는다.
4. 키포인트를 이용해 얼굴 이미지에 대해 얼굴 정면화를 진행한다. 정면화한 얼굴 이미지를 특징 추출에 사용되는 신경망에 입력하여 얼굴 특징을 얻는다.

얼굴 군집화

각 사진 속의 얼굴 특징을 추출하면 얼굴에 대해 K-평균 군집화를
할 수 있게 된다.

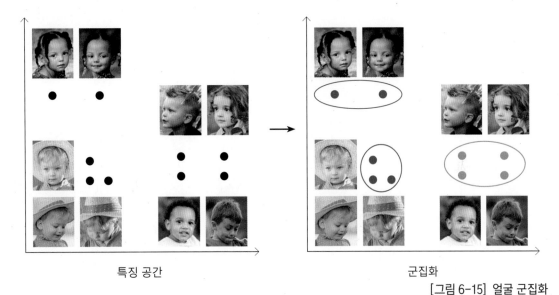

특징 공간   군집화

[그림 6-15] 얼굴 군집화

[그림 6-16]에서 볼 수 있듯이, 아이리스의 군집화와 비슷하게 얼
굴 군집화도 특징 공간에서 비슷한 얼굴을 발견하는 과정이다. 얼굴
군집화를 사용해 앨범 사진에 나타난 얼굴을 일정한 종류로 나눈다.
각각의 얼굴은 모두 어느 한 장의 사진에서 잘라낸 것이므로 사진도
자연히 일정한 종류로 나뉘게 된다. 주의해야 할 점은 일부 사진에는
여러 얼굴이 포함되기에 한 장의 사진이 여러 종류에 포함될 수도 있
다는 것이다. 컴퓨터로 같은 종류의 사진을 자동으로 배치하면 [그림
6-17]과 같은 아름다운 포토 갤러리를 얻을 수 있다.

[그림 6-17]
앨범 사진의 얼굴
군집화 결과

K-평균 군집화를 진행하기 전에 우선 군집화 수량인 K의 크기부터 확정해야 한다. 아이리스의 군집화에서 눈으로 데이터의 군집 정도를 관찰하여 대략적으로 아이리스가 몇 개 그룹으로 나누어지는지 추측할 수 있다. 그러나 앨범 사진의 얼굴 군집에서 데이터가 몇 개 그룹으로 나뉠지 알 수 없으며, 특히 직접적인 관찰과 통계를 하기 어려운 고차원의 데이터 공간일수록 더욱 그렇다.

그렇다면 K의 크기를 어떻게 결정한단 말인가? 서로 다른 K값으로 K-평균 군집화를 진행하여 K값이 다를 때 각 샘플의 군집 중심점과의 평균 거리를 통계화하도록 한다.

샘플에서 군집 중심점까지의 평균 거리는 일정한 정도에서 군집화의 효과를 가늠할 수 있다. [그림 6-18]에서 볼 수 있듯이 군집 수량인 K의 증가와 함께 평균 거리가 계속해서 감소하고 있다. 그러나 군집 수량이 너무 클 경우 사진을 너무 자세하게 분류하는 결과를 일으켜 그룹마다 적은 수의 사진으로 분류하게 되고 실용성도 잃게 된다. 그렇다면 어떻게 평균 거리와 군집 수량 사이에서 균형을 찾아낼 수 있을까?

[그림 6-18]을 보면, $K=3$일 때 곡선이 분명한 전환점을 보이고 있다. 전환점을 지나서부터 K의 증가에 따라 평균 거리는 매우 느리게 감소하기 시작한다. 따라서 전환점인 $K=3$은 적합한 선택이다. 이 곡선이 팔꿈치와 모양이 비슷하기에 이런 방법을 팔꿈치법(elbow method)이라고 하며, 이 전환점은 팔꿈치점이라고 한다.

[실험 6-2] 앨범 사진의 K-평균 군집화

1. K-평균 군집화 코드로 군집화 과정의 반복(iteration)마다 앨범 사진 군집 결과에 대한 변화를 관찰한다.

2. K-평균 군집화가 안정된 후의 결과를 보고 각 종류가 무엇을 대표하는지 관찰한다. (주의: 일부 종류는 동일 인물인 경우, 서로 다른 모습을 보이거나 같은 모습의 다른 인물로 대표할 수도 있다.)

3. 팔꿈치법으로 앨범 사진의 군집화를 위해 적합한 K값을 결정하고 서로 다른 K로 군집한 결과를 눈으로 관찰하여 팔꿈치법이 결정한 K가 가장 적합한 것인지를 알아본다.

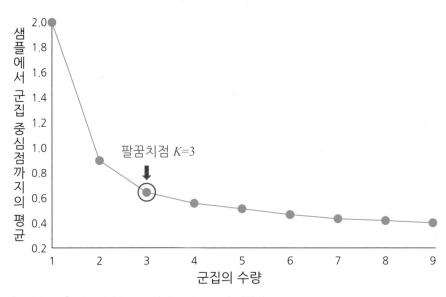

[그림 6-18] 팔꿈치법으로 군집의 수량 K 크기 정하기

6.4 계층적 군집화와 생물학적 군집화

K-평균 군집화 외에 계층적 군집화 또한 일반적인 군집화 알고리즘이다. 계층적 군집화는 우선 각 샘플을 모두 독립적인 한 종류로 선택한 다음 가장 유사한 두 종류를 반복적으로 하나로 합한다.

모든 종류 간의 거리가 미리 설정한 마감 거리를 초과하게 되면 계층적 군집화가 완성된다.

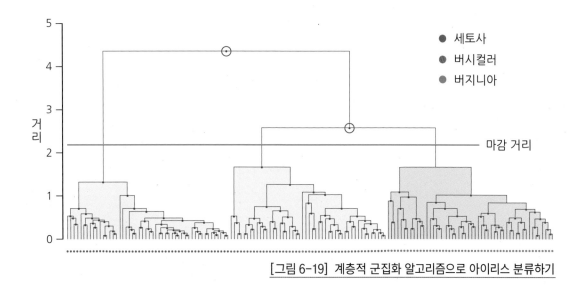

[그림 6-19] 계층적 군집화 알고리즘으로 아이리스 분류하기

[그림 6-19]는 계층적 군집화 알고리즘으로 아이리스를 분류한 결과를 나타내고 있다. 그림에서 계층적 군집화는 모든 샘플을 기준으로 세워진 분류 트리를 형성하였음을 볼 수 있다. 아래층일수록 군집화 결과의 분류는 더욱 세밀하고, 위층일수록 군집화 결과의 분류는 포괄적이다. 마감 거리를 표시하는 녹색 선 아래의 군집화 결과는 아이리스의 세 품종과 일치한다.

생물학적으로 계층적 군집화는 서로 다른 품종의 아이리스를 분류할 수 있을 뿐만 아니라, 유전자 분석에 사용하여 동식물을 분류하거나 진화 과정을 추론할 수도 있다. 생물 DNA 서열을 특징으로 유전자 유사성이 높은 종을 계속해서 하나로 합하면 생물의 '분류 트리(classification tree)'를 얻을 수 있다.

흥미로운 것은 계층적 군집화로 얻은 '분류 트리'가 [그림 6-20]에 표시된 생물학적 진화 트리와 유사하다는 점이다. 게놈 프로젝트의 발전과 비지도학습의 발전에 힘입어 미래에는 인공지능이 생물들 사이에 존재하는 더 많은 미지의 연관성을 밝혀 줄 것이다.

[그림 6-20]
생물의 진화 트리

6.5 이 장의 요약

이번 장에서 처음으로 비지도학습 방법을 배웠다. 지도학습과 달리 비지도학습은 주석 정보가 없는 상황에서 데이터 속의 패턴을 발견해야 한다. 이 장에서 배운 K-평균 군집화 알고리즘은 기본적인 비지도학습 알고리즘으로써 주석이 없는 전제하에 데이터에 대해 군집화를 할 수 있다. K-평균 군집화 등 군집화 알고리즘은 간단하고 효과적이어서 금융, 의료, 빅데이터 분석 등 분야에서 중요하게 응용되고 있다. 또한, 다음 두 장에서 토픽 모델링, 생성적 대립 신경망 등의 비지도학습법에 대해 알아본다.

현재 인터넷에는 대량의 데이터가 넘쳐나고 있으며 이미지, 텍스트, 음성 파일, 동영상 등의 형식으로 존재한다. 그 데이터 중에 절대다수는 주석 정보가 미비하기 때문에 비지도학습이 더욱 주목을 받고 있다. 조만간 비지도학습의 발전이 인공지능의 질적인 도약을 가져다줄 것이다.

제7장 텍스트 이해하기

인류 문명의 탄생 이래 문자는 줄곧 사람들이 정보를 전달하는 기본적인 매개체였다. 인터넷이 고도로 발달한 오늘날 문자 형식의 정보는 폭발적으로 증가하고 있다. 매체는 끊임없이 인터넷에서 최신 뉴스를 발표하고 사람들은 수시로 휴대전화로 주변에서 일어나는 일들을 주고받는다. 시시각각으로 대량의 문자가 수많은 채널에서 생산되어 인터넷에 흘러들어 온다.

넘쳐나는 텍스트 데이터 속에서 인공지능이 자동으로 분류하고 이해함으로써 인간이 소모하는 시간과 에너지를 줄일 수는 없을까?

이 장에서 '잠재 의미 분석(latent semantic analysis)' 기술을 배운다. 해당 기술로 컴퓨터는 대량의 텍스트 데이터에서 자동으로 잠재된 주제들을 선택해 텍스트 내용을 요약하고 다듬는다. 해당 기술을 본격적으로 소개하기 전에 앞서 '텍스트에서 잠재적 주제를 선택'하는 작업의 특징부터 논의해 보자.

7.1 텍스트 데이터의 특징

텍스트 데이터는 일반적으로 기타 주석 정보를 포함하지 않는다. 예를 들면 소셜네트워크에 "나는 학교에서 인공지능을 학습하였다."라는 글을 올렸다면 이 글은 '학습하였다' 또는 '인공지능' 등 주제를 중심으로 전개된 것이다. 그러나 이 글을 올릴 때 특별히 해당 주제에 대한 주석 달기를 하지 않는다. 만일 해당 소셜네트워크의 모든 정보를 분석하고자 한다면 얻을 수 있는 정보는 일반적으로 그 글 자체뿐이고 추가된 주석은 없다.

그렇다면 수동적으로 주석을 하는 방식으로 텍스트 주제에 관한 정보를 얻을 수는 없을까? 일반적으로 이런 방식은 불가능하다. 텍스트 데이터의 규모는 일반적으로 동영상이나 이미지 등의 멀티미디어 정보보다 훨씬 크다. 정보화 시대에 매일 생성되는 텍스트는 인간이 직접 처리할 수 있는 양을 크게 넘어섰다. 이런 상황에서 데이터를 분석하는 것이야말로 바로 비지도학습이 그 힘을 발휘할 수 있는 절호의 기회가 아니겠는가?

비지도학습의 작업이라면 앞에서 배운 K-평균 군집화 알고리즘으로 텍스트를 군집화하여 잠재 의미를 추출할 수는 없을까? 가능할 것처럼 들리기도 하지만, 사실 텍스트 데이터의 특징을 간과한 생각이다. K-평균 군집화 알고리즘은 한 샘플을 특정 범주에 포함할 수 있는데, 한 단락의 텍스트는 여러 개의 주제를 다루는 것일 수도 있다.

예를 들면 '초중고 학생들의 인공지능 교육 추진'이라는 하나의 뉴스 내용은 최소한 '인공지능'과 '초중고 교육'이라는 두 주제를 다루게 될 것이며, 이 중 하나의 주제로 결론을 끌어내더라도 이는 적합한 분류가 아니다.

그러나 잠재 의미 분석 기술은 텍스트 데이터의 '여러 주제' 특징을 반영하여 설계한 것이다. 이 기술은 비지도학습의 방식으로 텍스트에서 여러 개의 잠재 의미를 분석해서 군집화 알고리즘 과정을 완성한다.

먼저 관련 전문용어를 설명한다. 위에서 설명한 바 있는 대량의 텍스트 데이터를 말뭉치(코퍼스, corpus)라 하고, 말뭉치 중 단독 텍스트를 문서(document)라고 하며, 문서의 중심 내용이나 주요 내용을 주제(topic)라고 한다.

예를 들면 2017년의 모든 신문 기사를 하나의 말뭉치로 조합할 수 있고, 신문의 각 한 편의 글들은 각각 하나의 문서를 구성하고, 이 문서들은 정치, 경제, 교육, 과학기술, 민생 등의 주제들을 다룬다.

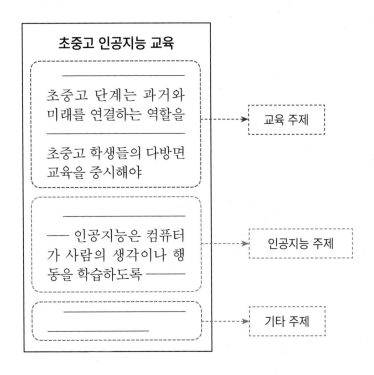

[그림 7-1]
여러 주제를 포함한
하나의 문서

7.2 텍스트의 특징

단어 가방 모델

단어 가방 모델(bag-of-words model)은 텍스트를 설명하는 데 쓰이는 일종의 간단한 수학적 모델이며, 또한 자주 사용되는 문서 특징 추출 방법 중 하나이다. 단어 가방 모델은 하나의 문서를 '여러 단어가 담긴 가방'이라 보고 문서에서 단어가 출현한 횟수만 헤아려 볼 뿐 단어의 순서와 문장의 구조는 무시해 버린다.

예를 들면 아래의 텍스트를

아리는 농구 놀이를 좋아하고 탁구 놀이도 좋아한다.

(단어: 출현 횟수)와 같은 2차원의 튜플(tuple)로 구성된 집합으로 표시한다.

{(아리: 1) (좋아하다: 2) (놀이: 2) (농구: 1) (도: 1) (탁구: 1)}

이 집합이 바로 해당 텍스트가 대응되는 '단어 가방'이다. 단어 가방 모델은 문서를 크게 간략화하였지만, 여전히 문서의 주제에 관한 정보를 보류하였다. 단어 가방 속의 '아리', '농구', '탁구' 등 단어에 근거해 해당 문서가 아리 및 스포츠 놀이, 이 두 주제와 관련이 있음을 알 수 있다. 모델링을 할 수 없는 문장의 구조를 생략해 버리고 주제를 나타낼 수 있는 단어 계수를 보류하는 것이 바로 단어 가방 모델의 기본적인 맥락이다.

단어 가방을 획득하고 나면 일련의 단어를 포함하는 사전(vocabulary)을 구성하고, 이 사전을 사용하여 단어 가방을 특징 벡터로 변환할 수 있다. 예를 들면 다음과 같은 여섯 개의 단어가 포함된 사전을 구성한다.

서열	1	2	3	4	5	6
단어	아리	좋아하다	놀이	농구	도	탁구

각 단어가 문서에서 나타난 횟수를 단어 서열에 따라 배열하면 해당 문서의 단어 계수 벡터(term counting vector)인 $n = (1, 2, 2, 1, 1, 1)$을 얻을 수 있다. 또한, 단어 계수 벡터를 정규화(벡터의 길이를 조절하여 모든 원소의 합이 1이 되도록 함)하여 $f = \left(\frac{1}{8}, \frac{1}{4}, \frac{1}{4}, \frac{1}{8}, \frac{1}{8}, \frac{1}{8} \right)$인 단어 빈도 벡터(term frequency vector)를 얻을 수 있다.

일반적으로 사전은 텍스트에서 나타났던 모든 단어를 포함하지 않아도 된다. 문서 중의 일부 단어가 사전에서 나타나지 않았을 경우 무시해 버리면 된다. 예를 들어 만일 네 개의 단어만 포함한 다음의 사전을 사용한다면 해당 문서의 단어 계수 벡터와 단어 빈도 벡터는 각각 $n = (1, 2, 1, 1)$와 $f = \left(\frac{1}{5}, \frac{2}{5}, \frac{1}{5}, \frac{1}{5} \right)$이다.

서열	1	2	3	4
단어	아리	좋아하다	농구	탁구

실제 응용에서는 공동의 사전을 사용하여 말뭉치의 모든 문서에 대해 단어 빈도 벡터를 통계한다. 다음의 세 개의 문서가 포함된 말뭉치를 예로 들어 보도록 하자.

> 문서 1: 아리는 농구 놀이를 좋아하고 탁구 놀이도 좋아한다.
> 문서 2: 아리는 공원에 가서 연을 날린다.
> 문서 3: 아리네 학교에서 인공지능 수업을 개설하였다.

우선 말뭉치에 나타났던 모든 단어를 추출하여 사전을 구성하도록 한다.

서열	1	2	3	4
단어	아리	좋아하다	놀이	농구
서열	5	6	7	8
단어	도	탁구	가다	공원
서열	9	10	11	12
단어	날리다	연	을	학교
서열	13	14	15	16
단어	개설	하였다	인공지능	수업

이어서 [그림 7-2]에서처럼 각 문서에서 각 단어가 출현한 횟수를 통계한다.

	아리	좋아하다	놀이	농구	도	탁구	가다	공원	날리다	연	을	학교	개설	하였다	인공지능	수업
아리는 농구 놀이를 좋아하고 탁구 놀이도 좋아한다	1	2	2	1	1	1	0	0	0	0	0	0	0	0	0	0
아리는 공원에 가서 연을 날린다	1	0	0	0	0	0	1	1	1	1	0	0	0	0	0	0
아리네 학교에서 인공지능 수업을 개설하였다	1	0	0	0	0	0	0	0	0	0	0	1	1	1	1	1

[그림 7-2] 문서에 나타난 단어 통계하기

통계 결과는, 즉 세 문서의 단어 계수 벡터이다.

$n_1 = (1, 2, 2, 1, 1, 1, 0, 0, 0, 0, 0, 0, 0, 0, 0, 0)$

$n_2 = (1, 0, 0, 0, 0, 0, 1, 1, 1, 1, 0, 0, 0, 0, 0, 0)$

$n_3 = (1, 0, 0, 0, 0, 0, 0, 0, 0, 0, 1, 1, 1, 1, 1, 1)$

단어 가방 모델은 매우 간단하지만 다른 텍스트 처리 기술의 도움을 받아야 훌륭한 응용 효과를 얻을 수 있다. [그림 7-3]은 단어 가방 모델을 이용해 구축한 텍스트 특징의 기본적인 절차이다. 본 내용의 후반부에서 연관된 여러 기술을 간단하게 설명하도록 하겠다.

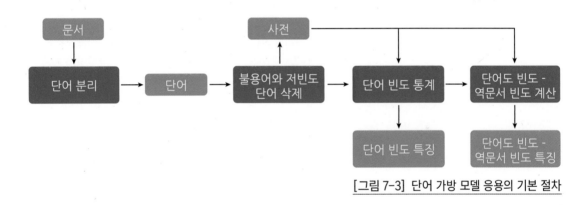

[그림 7-3] 단어 가방 모델 응용의 기본 절차

단어 분리

우선 문장의 단어를 분리해야 단어에 근거해 단어 가방을 구성할 수 있다. 이는 영어에 있어서는 매우 쉬운 과정으로 띄어쓰기와 문장 부호를 근거로 삼으면 모든 단어를 분리할 수 있다. 그러나 모든 단어가 한데 연결되어 있는 텍스트에서는 컴퓨터가 문장의 한 글자가 그

앞뒤의 어느 글자와 연결되어 단어를 이루어야 하는지 또는 단독으로 단어를 구성하는지 판단하지 못한다. 이 때문에 텍스트에 대해 단어 가방을 구성하기 전에 먼저 다른 수단을 사용하여 텍스트 내의 단어를 분리해야 한다. 해당 기술을 단어 분리(word segmentation)라고 한다. 단어 분리 방법은 대부분 매칭(matching)과 통계학적 방법을 기반으로 한다.

불용어와 저빈도 단어

앞에 들었던 예시 중의 사전에는 '을', '도', '하였다' 등의 단어가 포함되어 있다. 이런 단어들은 문장을 구성하는 기본적인 단어로써 문서가 무슨 주제에 관한 것이든 이 단어들은 불가피하게 대량으로 출현하지만 문서의 주제를 구분하는 면에서는 아무런 도움이 되지 않는다. 이와 유사하게 아무런 주제에 관한 정보를 갖고 있지 않은 고빈도의 단어를 불용어(stopword)라고 한다. 사전을 구성할 때 일반적으로 불용어를 제거하지 않는다.

그러나 사전을 구성할 때 일반적으로 출현 횟수가 매우 낮은 저빈도 단어는 제거한다. 이런 단어들은 일반적으로 자주 쓰이지 않는 전문 명사이다. 그것들은 특정의 문장에 출현할 수 있지만 주제를 대표하지는 못한다.

이런 단어들에 과도하게 의지하여 글의 주제를 분류하면 과적합 현상이 출현할 수도 있다. 또한, 저빈도 단어를 사전에 수록하면 사전의 크기와 특징 벡터 차원 수를 크게 늘리게 되고, 이는 나아가 계산의 어려움을 일으킬 수 있다. 따라서 일반적으로 말뭉치 중의 모든 단어를 수집하고 나서, 수없이 자주 사용하는 단어를 보류하고 저빈도 단어들은 제거해 버린다.

단어 빈도와 역문서 빈도

단어 빈도와 역문서 빈도는 한 단어의 해당 문서에 대한 중요도를 반영하는 두 개의 지표이다. 한 단어가 하나의 문서에서 출현하는 빈도수가 바로 단어 빈도(term frequency)로써 한 단어가 해당 텍스트에서 출현한 횟수와 해당 텍스트 중 단어 총 수와의 비율이다. 서열번호가 i인 단어가 j번째 문서에서 출현한 횟수를 n_{ij}라 한다면 j번째 문서의 단어 총수는 $n_j = \sum_{i=1}^{V} n_{ij}$이고, 그중 V는 사전의 크기이다. 단어 i가 문서 j 중에서의 단어 빈도는 $tf_{ij} = n_{ij}/n_j$이다. 예를 들어 한 문서에 네 개의 단어가 있고 그중 1번 단어 '아리'가 문서에서 1회 출현했었다면 1번 단어의 해당 문서에서의 단어 빈도는 1/4인 것이다.

일반적으로 특정한 단어가 한 문서에 출현하는 빈도가 높을수록 그 단어는 해당 문서에서 중요성이 매우 크다. 예를 들어 한 단락의 텍스트 중에 대량으로 '아리'라는 단어가 출현하였다면, '아리'가 해당 문서의 주요 내용일 가능성이 매우 크다. 그러나 이런 가설은 불합리성도 존재한다. 예를 들면 불용어는 각 문서에서 모두 대량으로 출현하지만 그 단어들의 해당 문서에서의 중요성은 매우 낮다. 앞에서 출현한 바 있는 세 개의 문서를 예로 들어 말해 보면, 첫 번째 문서의 1번 단어인 '아리'와 4번 단어인 '농구'는 모두 1번 출현했으므로 단어 빈도가 동등하다. 그러나 이 세 개의 문서 출처가 전부 아리의 개인 블로

그러면 '아리'라는 단어는 불용어와 유사한 것이다. 해당 문서가 운동이
나 학교 교육에 관한 것이든 '아리'라는 단어는 불가피하게 출현하므로
'농구'나 '수업'처럼 서로 다른 주제를 구분할 수 있는 단어보다 중요성
이 월등히 떨어진다. 이런 경우 역문서 빈도(Inverse Document Frequency)를
사용하여 문서마다 각 단어의 중요성을 수정해야 한다.

한 단어의 문서 빈도(Document Frequency)를 말뭉치 중 해당 단어가 출
현한 문서 총수와 말뭉치 중 모든 문서 총수의 비율로 정의한다. 가령
말뭉치 중에 총 D개의 문서가 있고 그중 D_i개의 문서에 i번째 단어가
출현하였다면 i번째 단어의 문서 빈도는 $df_i = D_i/_D$이다. 그리고 해당
단어의 역문서 빈도는 문서 빈도의 음수 로그로써 $idf_i = \log(D/D_i)$이
다. 분모가 0이 되는 상황을 방지하기 위해 역문서 빈도를 $idf_i = \log(D/(1+D_i))$로 정의하기도 한다. 역문서 빈도 역시 텍스트에서 단어의 중요
성을 묘사하는 것으로 값이 클수록 중요성이 더욱 높다.

앞에서 나왔던 세 문서를 예로 들어보겠다. '도', '을', '하였다'세 개
의 불용어를 제거한 다음 각 단락의 문서는 모두 하나의 계수 벡터로
표시할 수 있다.

$n_1 = (1, 2, 2, 1, 1, 0, 0, 0, 0, 0, 0, 0, 0)$

$n_2 = (1, 0, 0, 0, 0, 1, 1, 1, 1, 0, 0, 0, 0)$

$n_3 = (1, 0, 0, 0, 0, 0, 0, 0, 0, 1, 1, 1, 1)$

1번 단어인 '아리'는 세 문서에서 모두 출현했으므로 역문서 빈도는
$\log\left(\dfrac{3}{3}\right) = 0$이다. '농구'라는 단어는 한 문서에서만 출현했기에 역문
서 빈도가 $\log\left(\dfrac{3}{1}\right) \approx 0.47$다. 역문서 빈도의 계산값이 직관적인 생각

에도 부합한다. 즉 '아리'라는 단어의 중요성이 '농구'라는 단어보다 낮다는 것이다.

단어는 문서에서의 단어 빈도와 역문서 빈도를 곱하면, 해당 단어는 그 문서에서 단어 빈도-역문서 빈도 (*tf-idf*)를 얻을 수 있다. 단어 빈도-역문서 빈도는 단어 빈도에 대한 일종의 수정으로써 텍스트의 중요한 정보를 더욱 뚜렷하게 나타낼 수 있다.

문서 단어 빈도 벡터 중의 빈도 값을 단어 빈도-역문서 빈도로 바꾸어서, 해당 문서의 단어 빈도-역문서 빈도 벡터를 얻은 다음 문서의 특징으로 삼을 수 있다.

[실험 7-1]

본 실험에서 이미 배운 기술을 이용해 한 말뭉치의 문서를 텍스트 특징으로 변환하여 이를 주제 추출 과정의 기초로 한다.

1. 대한민국 AI 허브(www.aihub.or.kr)의 한국어 말뭉치 중에서 무작위로 빅데이터 문서를 선택하여 문서를 읽고 주제를 요약해 본다.
2. AI 허브를 활용하여 말뭉치 중의 모든 문서를 단어 분리 작업을 진행한 다음, 불용어와 저빈도 단어를 제거하고 사전의 크기를 기록해 본다.
3. 이 사전을 기반으로 모든 문서의 단어 빈도 벡터를 계산해 본다.
4. AI 허브와 AI 프로그램 개발 도구들을 사용해 사전을 대상으로 문서마다 단어 빈도-역문서 빈도 벡터를 계산한다.

7.3 텍스트에 숨은 주제 추출하기

토픽 모델

토픽 모델(topic model)이란 말뭉치와 그 안에 잠재된 주제를 설명하는 수학적 모델의 한 종류다. 토픽 모델 중에서 가장 먼저 고려해야 할 것은 바로 어떻게 수학적 언어로 한 주제를 설명하느냐의 문제이다. 단어 가방 모델을 설명할 때 문서 중에 나타난 단어가 문서의 주제를 반영할 수 있다는 것을 알게 되었다. 그렇다면 어느 하나의 단일한 주제(예를 들면 [그림 7-4]에서의 교육 주제)를 포함한 일정 수의 문서를 수집하여 그중에서 단어 출현 빈도를 통계한다면 그 통계 결과를 해당 주제의 수학적 표시로 삼을 수 있다.

구체적으로 말하면, 사전의 크기가 V라면 그중 각 단어에 대해 모든 문서에서 출현한 총수인 n_i를 통계하고, 이를 문서의 총 단어 수량인 n으로 나눈다면 그에 대응하는 단어 빈도 f_i를 획득할 수 있다. 그리고 다시 모든 단어 빈도를 한데 조합하면 차원 수가 V인 단어 빈도 벡터 $t = (x_1, x_2, \cdots, x_V)$를 얻을 수 있다. 이 단어 빈도 벡터가 바로 교육이라는 주제에 대한 수학적 표시의 일종이다.

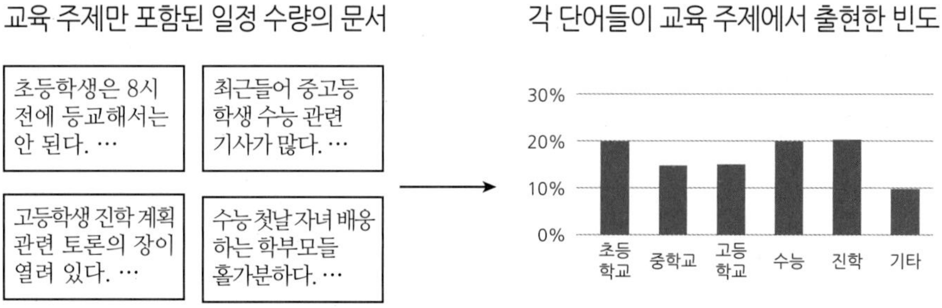

교육 주제만 포함된 일정 수량의 문서

초등학생은 8시 전에 등교해서는 안 된다. …

최근들어 중고등학생 수능 관련 기사가 많다. …

고등학생 진학 계획 관련 토론의 장이 열려 있다. …

수능 첫날 자녀 배웅하는 학부모들 홀가분하다. …

각 단어들이 교육 주제에서 출현한 빈도

[그림 7-4]
단어 빈도는 주제에 대한 표시의 일종이다.

단어 빈도 통계의 방법은 우리에게 주제에 대해 모델링을 할 수 있
는 갈피를 잡아 주었다. 그러나 이런 방법은 실제로 운용하는 과정에
단점이 존재한다. 한편으로는 각 문서가 보통 하나의 주제만을 포함하
는 경우가 일반적으로 드물며, 다른 한편으로는 말뭉치에는 문서의 주
제에 관한 주석 정보가 없으며, 단일 주제의 문서가 존재하더라도 대
량의 말뭉치 속에서 그것을 발굴해 내기가 어렵다는 것이다. 이 때문
에 실제로 운용하는 과정에서는 반드시 다른 기술의 도움으로 각 주제
에 대응하는 단어 빈도 벡터를 얻어야 한다.

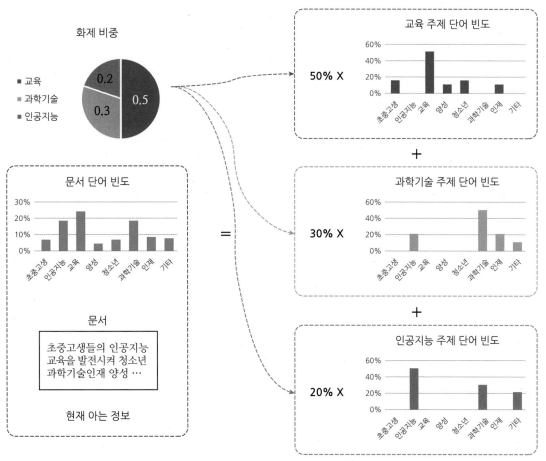

[그림 7-5] 문서마다 단어 빈도는 관련 화제의 단어 빈도가 비율에 따라 혼합되어 구성된 것임.

이제 문서와 주제 사이의 관계에 대해 생각해 보도록 하자. 한 문서는 일반적으로 일정 수의 주제를 포함하고 있으며, 하나의 주제는 하나의 단어 빈도 벡터와 대응한다. 예를 들면 [그림 7-5]에서 처럼 '교육', '과학기술', '인공지능' 세 주제가 있고, 이 주제들의 단어 빈도 벡터는 각각 그림의 오른쪽에 그려 놓았다. 그렇다면 해당 문서의 단어 빈도 벡터와 이 주제들이 대응하는 단어 빈도 벡터 간에는 또 어떤 연관이 있을까? 일반적으로 한 문서가 포함한 각 주제의 비중은 서로 다르다. [그림 7-5]의 예시에서는 '교육' 화제의 비중이 기타 두 화제보다 좀 더 크다. 토픽 모델에서 한 문서의 단어 빈도 벡터가 그 문서가 포함한 모든 주제가 대응하는 단어 빈도 벡터의 가중평균치라고 가정하면, 각각의 주제가 대응하는 가중치는 그 주제의 해당 문서 중에서의 비중을 대표한다.

좀 더 상세하게 설명하면, 잠재적 주제가 총 T개(주제의 개수는 일반적으로 인공적으로 지정한다. K-평균 군집화 알고리즘에서 K값을 선택하는 것과 유사하다) 있다고 가정할 경우, 각 주제는 하나의 단어 빈도 벡터 $t_j = (x_{j1}, x_{j2}, \cdots, x_{jV})$에 대응하고, $1 \leq j \leq T$이며, 한 편의 특정 문서에서 각 주제의 비중은 각각 $w_1, w_2, \cdots, w_T$이다. 각 문서의 단어 빈도 벡터 $d = y_1, y_2, \cdots, y_V$가 이미 알려졌다면 문서의 단어 빈도, 주제 비중, 주제 단어 빈도, 삼자의 관계를 다음과 같이 표시할 수 있다.

$$d = w_1 t_1 + w_2 t_2 + \cdots + w_V t_V \tag{7-1}$$

이 중에서 $w_i t_i$는 비중 w_i와 벡터 t_i의 곱셈이다.

행렬(매트릭스) 곱셈법으로 연산하면 해당 공식을 간결한 형식으로 표

시할 수 있다. 우선 T개의 주제에 대한 단어 빈도 벡터를 매트릭스로
배열한다.

$$[T] = \begin{bmatrix} - & t_1 & - \\ - & t_2 & - \\ \cdots & \cdots & \cdots \\ - & t_T & - \end{bmatrix} = \begin{bmatrix} x_{11} & x_{12} & \cdots & x_{1V} \\ x_{21} & x_{22} & \cdots & x_{2V} \\ \vdots & \vdots & \ddots & \vdots \\ x_{T1} & x_{T2} & \cdots & x_{TV} \end{bmatrix}$$

그리고 모든 주제 비중을 벡터 $w = (w_1, w_2, \cdots, w_T)$로 배열한다. 행
렬 곱셈법을 사용해 연산하면 공식 (7-1)을 간략하게 아래와 같이 표
시할 수 있다.

$$d = w_T \tag{7-2}$$

말뭉치 중에 총 D개의 문서가 있다면 각 문서의 단어 빈도 벡터는
$d_k = (y_{k1}, y_{k2}, \cdots, y_{kV})$이고, $1 \leq j \leq T$이며, 각 문서의 주제 비중 벡터는
$w_k = (w_{k1} + w_{k2} + \cdots + w_{kT})$이고, $1 \leq k \leq D$이다. 모든 문서의 단어 빈도
벡터와 주제 비중 벡터를 다음과 같은 매트릭스로 배열한다.

$$D = \begin{bmatrix} - & d_1 & - \\ - & d_2 & - \\ \cdots & \cdots & \cdots \\ - & d_D & - \end{bmatrix} = \begin{bmatrix} y_{11} & y_{12} & \cdots & y_{1V} \\ y_{21} & y_{22} & \cdots & y_{2V} \\ \vdots & \vdots & \ddots & \vdots \\ y_{D1} & y_{D2} & \cdots & y_{DV} \end{bmatrix}$$

$$W = \begin{bmatrix} - & w_1 & - \\ - & w_2 & - \\ \cdots & \cdots & \cdots \\ - & w_D & - \end{bmatrix} = \begin{bmatrix} w_{11} & w_{12} & \cdots & w_{1V} \\ w_{21} & w_{22} & \cdots & w_{2V} \\ \vdots & \vdots & \ddots & \vdots \\ w_{D1} & w_{D2} & \cdots & w_{DV} \end{bmatrix}$$

각 매트릭스 기호를 사용하여 문서의 단어 빈도, 주제 비중, 주제 단
어 빈도의 관계를 다음과 같이 표시한다.

$$D = WT \tag{7-3}$$

이 등식은 말뭉치와 잠재적 주제 사이의 관계를 만들어 주며 토픽 모델의 핵심이 된다.

심화학습: 행렬 곱셈법

예를 하나 들어 행렬(매트릭스) 곱셈 연산을 이해해 보도록 하자. 말뭉치에 모두 2개의 문서가 있고, 사전에는 2개의 단어가 포함되며, 3개의 잠재적 주제를 고려해야 한다고 가정해 본다.

이런 가정에서 주제 단어 빈도 매트릭스인 T는 3행 2열의 매트릭스로써 각 행은 한 주제의 단어 빈도 벡터를 의미하고, 각 열은 한 단어의 모든 주제에서의 서로 다른 단어 빈도를 의미한다. 주제 비중 매트릭스인 W는 2행 3열의 매트릭스로써 각 행은 한 문서 중의 주제 비중을 의미한다.

매트릭스를 서로 곱셈한 결과는, 여전히 하나의 매트릭스로써 그 행 수는 첫 번째 매트릭스의 행 수와 같고, 그 열 수는 두 번째 매트릭스의 열 수와 같다. 예시에서 두 매트릭스를 곱셈한 결과는 2행 2열의 매트릭스이다.

[그림 7-6]에서 볼 수 있듯이 매트릭스 중 각 원소의 계산 방법은 다음과 같다. 매트릭스 W에서 i행을 선택하고, 매트릭스 T에서 j열을 선택한 다음 이 두 개의 삼차원 벡터의 내적을 계산하여 결과 벡터 중 i행 j열의 값으로 한다. 이상의 공식에 근거해 이 값이 바로 i번째 문서 중 j번째 단어의 단어 빈도임을 알 수 있다.

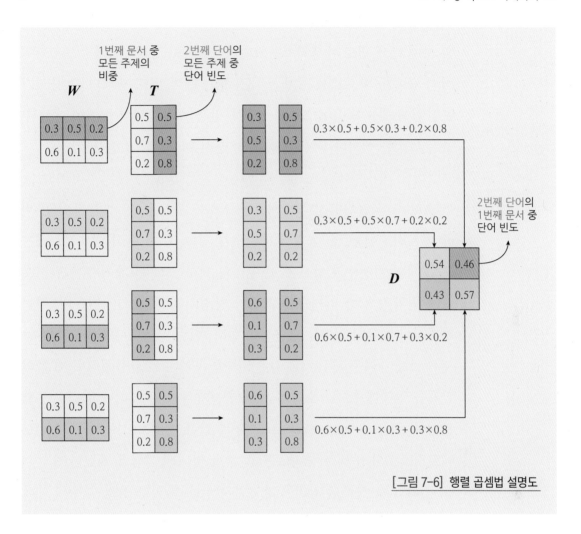

[그림 7-6] 행렬 곱셈법 설명도

잠재 의미 분석

토픽 모델에서 말뭉치와 그 속의 잠재적 주제와의 관계를 계산하였다. 공식 (7-3)은 사실상 하나의 연립방정식으로 계산한 것이다. 그중 같음표 왼쪽의 문서 단어 빈도 매트릭스는 말뭉치를 통계함으로써 얻을 수 있는 이미 알려진 수(已知數)이며, 오른쪽의 주제 비중 매트릭스와 주제 단어 빈도 매트릭스는 모두 미지수(未知數)이다. 해당 연립방정식의 답을 구함으로써 주제가 대응하는 단어 빈도 벡터와 각 문서가 포함한 주제를 얻을 수 있다. 이로써 말뭉치의 잠재적 주제에 대한 추출을 완성한 셈이다. 이를 잠재 의미 분석 기술이라고 한다.

그러나 이 연립방정식의 해답을 구하는 것은 쉬운 일은 아니다. 비중 매트릭스에는 $D \times T$개의 미지수가 있고, 주제 단어 매트릭스에는 $T \times V$개의 미지수가 있으며, 방정식의 개수는 $D \times V$개이다. 일반적으로 연립방정식 중 미지수의 개수가 방정식의 개수보다 적은데, 이는 방정식의 해답이 없다는 것을 의미한다. 이런 상황이 출현하는 이유는 토픽 모델이 가중 평균치와 같은 간단한 방법으로 말뭉치와 주제 간의 관계를 설정했으므로 오차의 유입이 불가피하다. 그러나 비음수 행렬 분해(non-negative matrix factorization) 등과 같은 방법으로 주제 단어 빈도 매트릭스 T와 주제 비중 매트릭스 W를 하나의 그룹을 계산하여 공식 (7-3)의 좌우 양측이 최대한 가까워지게 할 수 있다. 비음수 행렬 분해는 너무 깊은 수학 지식을 다루기 때문에 여기서 상세하게 설명하지 않겠다.

주제 단어 빈도 매트릭스 T는 말뭉치 중 모든 잠재적 주제를 대표하고, 주제 비중 매트릭스 W는 각 문서 중 각 주제의 비중을 포함한다. 이 두 해답을 얻으면 말뭉치 중 잠재된 주제의 추출과 말뭉치 중 각 문서의 요약 및 이해를 완성하게 된다.

[실험 7-2]

이 실험에서는 기존 텍스트 특징의 기초에서 잠재 의미 분석 기술을 이용해 말뭉치에 대한 주제 추출을 진행하도록 한다.

실험 절차:

1. 문서의 단어 빈도 벡터를 배열하여 매트릭스 D를 형성한다.

2. 주제 수를 T = 10으로 설정하고, 일반적인 프로그램 개발 도구인 툴킷(구글의 교육용 mblock.makeblock.com)으로 매트릭스 D에 대해 비음수 행렬 분해를 사용하여 단어 빈도 매트릭스 T와 주제 비중 매트릭스 W를 얻는다.

3. 단어 빈도 매트릭스 T에 근거하여 각 주제의 고빈도 단어를 나열한 다음 해당 주제들의 의미에 대한 해석을 시도한다.

4. 한두 편의 글을 무작위로 선택하여 읽고 주제를 요약한 다음, 해답으로 얻은 주제 비중 벡터와 비교한다.

5. 단어 빈도-역문서 빈도로 매트릭스 D의 단어 빈도를 대신하여 위의 실험을 반복하고 결과를 비교한다.

6. 주제의 수인 T를 바꾸어서 위의 실험을 반복하고 결과를 비교해 본 다음, 주제가 과다하거나 과소하면 무슨 문제가 발생할 것인지에 대해 생각한다.

7.4 주제를 기반으로 한 텍스트 검색과 추천

일상생활과 업무 중에 항상 검색 엔진의 도움으로 인터넷에서 관심 있는 내용을 검색한다. 기존의 검색 엔진은 일반적으로 키워드 매칭 기술을 기반으로 한다. 예를 들어 '배 안의 소리'와 관련된 해양과학 분야의 글을 원한다면 검색 엔진은 불용어인 '안'과 '의'를 제거하고,

키워드인 '배'와 '소리'를 사용해 매칭되는 글을 찾는다. 그러나 키워드 매칭을 기반으로 하는 검색 기술은 두 가지 명백한 결함이 있다.

1. 동의어 문제: 예를 들어 '즐겁다'를 키워드로 할 경우 '기쁘다', '유쾌하다' 등의 동의어는 무시된다는 것이다. 그러나 사실상 이 단어들의 뜻은 모두 '즐겁다'와 같은 것이다.

2. 이의어(異義語)의 문제: 예를 들어 '배'라는 단어는 물 위를 떠다니는 물건을 뜻할 수도 있고, 사람이나 동물의 몸을 의미하기도 한다. 따라서 '배'를 키워드로 해양과학 분야의 글을 검색하려고 해도 키워드 매칭만으로는 배 고플 때 나는 소리인 '꼬르륵' 관련 내용이 검색 결과의 앞순위를 차지할 가능성이 크다.

토픽 모델과 잠재적 의미 분석 기술에 대해 학습하고 나서 이제 하나의 글에 여러 개의 주제를 포함할 수 있다는 것을 알게 되었다. 검색하는 과정에 문서의 주제를 잘 참고한다면 키워드의 한계성을 극복할 수 있다. 예를 들어 키워드 '배'를 검색할 때 '해양'이라는 주제를 지정해 준다면 '꼬르륵'과 관련된 글은 대부분 제외한다.

보다 구체적으로 말하면, 먼저 키워드 매칭 기술로 '배'가 포함된 글을 찾아내어 검색 결과의 후보로 삼는다. 이어서 대량의 문서 분석을 통해 얻은 주제 단어 빈도 매트릭스 T를 사용해 각각의 후보 문서를 주제 분석함으로써 각 문서가 포함한 주제마다 비중을 획득한다. 마지막으로 '해양' 주제와 관련된 글들을 최종 결과로 선택하여 사용자(User)에게 제공한다.

또한, 잠재 의미 분석 기술로 맞춤형 글 추천 서비스를 제공할 수도 있다. 예를 들어 아리가 평소에 뉴스를 즐겨 본다면 뉴스 사이트는 아리가 평소에 읽었던 뉴스를 수집하여 해당 뉴스를 포함한 주제의 비중 벡터를 분석해 낸다. 이 주제 비중 벡터는 바로 아리의 선호도를 대표한다. 아리가 평소에 스포츠와 과학기술 관련 뉴스를 즐겨 본다면 스포츠와 과학기술의 비중이 매우 높을 것이다.

이어서 최신 뉴스들에 대해 같은 기술로 각 주제의 비중을 분석하고, 비중 벡터가 아리가 선호하는 비중 벡터와 비슷하다면 해당 뉴스는 아리가 관심 갖는 주제일 것이며, 뉴스 사이트는 해당 뉴스를 아리에게 추천한다.

7.5 이 장의 요약

이 장에서 단어 가방 모델, 토픽 모델을 학습하였으며, 잠재 의미 분석 기술을 사용해 문서 분석과 주제 추출의 작업을 완성하였다. 단어 가방 모델은 단어가 문서에서 출현한 횟수만 헤아리고, 단어 간의 순서나 관계는 무시해 버림으로써 문서에 대해 간단한 수학적 모델을 수립한다.

토픽 모델은 단어 빈도로 주제를 대표하고 문서의 단어 빈도 벡터를 문서가 포함한 모든 주제의 단어 빈도 벡터의 가중 평균치라고 가정한다. 토픽 모델의 가정에 근거해 말뭉치와 그 속에 잠재된 주제와의 방정식을 도출할 수 있고, 비음수 행렬 분해의 방법으로 해답을 구할 수 있었다.

텍스트 데이터는 비지도학습과 많은 주제 또는 많은 종류의 특징을 동시에 갖고 있다. 토픽 모델과 잠재 의미 분석 기술은 바로 이 두 특징을 대상으로 제기한 중요한 비지도학습 방법이다.

제8장 그림 창작하기

요하네스 베르메르
《마르다와 마리아의 집에 있는
그리스도》

한 판 메이헤른
《학자들 사이의 그리스도》

제2차 세계대전 때 악명 높은 나치 독일의 장교였던 헤르만 괴링 (Hermann Göring)은 200점의 명화를 대가로, 한 판 메이헤른(Han Van Meegeren)이라는 화가가 소장하고 있던 핀란드 거장 요하네스 베르메르 (Johannes Vermeer)의 작품을 교환하였다. 전쟁이 끝나고 메이헤른은 반역 죄로 사형에 처하게 되자, 메이헤른은 자신이 괴링에게 판매한 베르메르 의 작품은 모두 자신이 위조한 것이라고 진술했다. 사람들이 의심의 눈초 리를 보이자 메이헤른은 자신의 목숨을 위해 '베르메르 화풍'이 다분한 작 품인 학자들 사이의 그리스도(Jesus among the doctors)를 그렸다.

그의 그림은 독일 장교를 속였을 뿐만 아니라, 미술평론가들도 위조 흔적을 찾아내지 못하였다. 이로써 메이헤른은 미술품 모방 능력으로 역사에 이 름을 남기고, 네덜란드 사람들의 마음속에서도 매국노가 아닌 뛰어난 재능 으로 나치 장교를 우롱한 민족 영웅이 되었다.

아리는 메이헤른의 이야기를 알고서 매우 흥분하여 멀리 프랑스에서 그림을 공부하고 있는 친구에게 전화를 걸었다.

"너에게 그림을 배우고 싶어!"

"하지만 멀리 떨어져 있어서 직접 가르쳐줄 수 없는데 어떡하지?"

"다른 방법이 없을까?"

"글쎄… 방법이 하나 있긴 한데 … 네가 매일 주제를 정해서 그림을 그린 다음 나한테 보내줘. 내가 잘 그렸는지 봐줄게. 아직 훌륭한 그림에 못 미친다면 네가 더 나아질 수 있는 의견을 피드백해 줄게. 네가 그 피드백을 근거로 회화 기법을 개선해 나가면 될 거야. 우리가 이렇게 '창작 – 평가 – 피드백 – 개선'의 절차를 매일 반복하다 보면 너의 수준도 점점 더 좋아질 거야. 내가 더 이상 문제를 발견하지 못하게 되면, 그때 너는 비로소 졸업하는 셈이지."

"그러니까 내가 메이헤른처럼 너의 눈을 속일 수만 있다면 성공한 것이란 말이지?"

"맞아. 그런데 쉽지 않을 거야. 나도 매일 발전할 테니 말이야. 재미 있는 대결이 되겠군."

아리는 고개를 끄덕이며 생각하였다. '이건 생성적 대립 신경망 원리하고 같은 이치잖아!' 그는 기뻐하며 말했다.

"너의 방법이 꽤 괜찮은 것 같아. 우리도 그런 방법으로 로봇에게 그림 그리기를 가르치거든!"

그렇다면 생성적 대립 신경망(Generative Adversarial Network, GAN)이란 무엇일까? 어떻게 그림 그리기와 같은 창의력을 로봇에게 부여할 수 있는 것일까? 그러면 어떻게 생성적 대립 신경망으로 전문가의 눈까지 속일 수 있는 그림을 그리는지 학습해 보도록 하자!

8.1 데이터 공간과 데이터 분포

생성적 대립 신경망은 '생성', '대립', '망', 세 개의 단어로 구성되었다. 그중 '생성'은 하나의 생성 모델(Generative model)을 일컫는데 무작위로 관측 데이터를 생성할 수 있다. 예를 들어 제공된 훈련 세트가 연예인의 사진이라면 훈련이 완성된, 하나의 생성 모델은 완전히 새로운 연예인 사진을 '창작'해 낼 수 있다는 것이다. 생성적 대립 신경망은 생성망(generative network)과 판별망(discriminative network) 두 부분으로 구성된다. 그중 생성망은 데이터를 생성하는 데 쓰이고, 판별망은 데이터의 진위를 판별하는 데 쓰인다. 컴퓨터가 자동으로 그림 그리는 과정을 예로 들면, 생성망의 역할은 바로 미술가(그림 창작)이고 판별망의 역할은 감정사(이미지가 기계의 모조품인지 화가가 그린 것인지 판단)이다. 생성적 대립 신경망의 기본적인 맥락은 생성망과 판별망 간의 상호 '대립'으로 학습하는 것이다. 그렇다면 생성망과 판별망은 구체적으로는 무엇이며, 이 둘은 또 어떻게 대립하는가? 대립은 또 왜 생성의 질을 향상시키는가? 이런 문제들을 해답하기에 앞서 우선 데이터 공간과 데이터 분포 이 두 개의 기본적인 개념부터 학습해 보자!

데이터 공간과 데이터 분포

인공지능에 대한 데이터의 중요성을 이미 알고 있다. 생성 모델에 있어서도 데이터는 마찬가지로 중요하다. 우리의 목표는 컴퓨터가 유명 연예인처럼 보이는 사진을 생성하여 무에서 유를 창조하도록 하는 것으로, 이를 위한 학습에는 대량의 연예인 사진이 필요하다.

생성망의 시각에서 해당 데이터들은 하나로 합친 전체를 이루어서 연예인의 외형적 특징을 그린다. 생성망은 어느 특정 연예인의 사진을 학습하는 것이 아니라 해당 사진들의 전체적인 특징을 파악함으로써 '연예인 스타일'의 이미지를 생성한다. 그렇다면 데이터를 어떻게 특징화할 것인가? 이것은 데이터 공간과 데이터 분포의 개념을 도입해야 한다.

데이터 공간(data space)이란 말 그대로 데이터가 있는 공간이다. 제3장의 지식을 되돌아보자. 연예인 사진의 해상도가 128×128이라고 가정하면 각각의 사진들은 128×128×3의 3차원 텐서로 볼 수 있다. 이때의 데이터 공간은 바로 모든 모양이 128×128×3인 텐서의 집합 또는 해당 해상도에서 모든 가능한 이미지들로 구성된 집합이다. 이미지 생성 작업에서 데이터 공간은 일부 이미지의 집합이기 때문에 이미지 공간이라고 할 수도 있다. 이미지 공간에서 각 이미지는 전부 해당 공간 속의 한 점이다. [그림 8-1]에서처럼 공간에서 무작위로 한 점을 선택하면 아무런 의미가 없는 이미지(그림에서 초록색 점)일 것이다. 데이터 세트의 이미지도 해당 공간에 분포되어 있으며 이런 특수한 점(그림에서 주황색 점)들을 데이터점이라고 한다.

보충학습: 공간

　3차원 '공간'은 가능한 모든 위치점으로 구성된 전체이다. 수학에서 공간(space)의 개념은 확장되어서 공통성이 있는 원소들로 구성된 집합(set)을 의미한다. 따라서 더는 2차원 공간이나 3차원 공간을 의미하는 것이 아니라 더 일반적인 개념을 의미할 수 있다. 예를 들어 모든 데이터는 데이터 공간을 구성하고 모든 이미지는 이미지 공간을 구성하고, 모든 벡터는 벡터 공간을 구성한다.

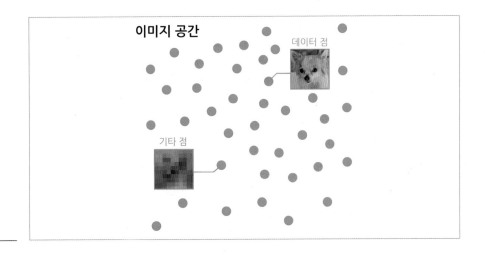

[그림 8-1]
이미지 공간

데이터점의 데이터 공간에서의 분포는 일정한 규칙이 있다. 공간 속의 일부 위치에는 밀집된 데이터점이 상대적으로 많고 일부 위치에는 상대적으로 적거나 없다. 이처럼 데이터의 공간에서의 분포 상황을 데이터 분포(data distribution)라고 한다. 수학에서 분포(distribution)는 확률 이론 분야의 기본 개념이다. 분포는 무작위성과 긴밀한 연관성이 있다. 다음의 실험에서 무작위성과 분포의 개념을 알아 보자.

[실험 8-1] 무작위성과 분포에 대해 알아보기

실험 목적: 무작위성에 대해 직관적 느낌을 갖기

실험 절차 ①:
M개의 무작위 숫자($M = 1$일 때를 예로 들어)를 생성한다. 그리고 무작위 숫자의 값을 [그림 8-2]에서처럼 이미지로 나타낸다. 툴킷(mblock.mblock.com) 샘플 코드를 실행한 후 결과를 관찰하고 데이터 생성의 무작위성을 체험한다. (주의: 하나의 가로줄은 하나의 샘플을 나타낸다)

※ 툴킷(도구, Toolkit)은 AI 개발 학습 도구는 구글 제공(mblock.makeblock.com) 활용

요점: 무작위에 대한 직관적 느낌은 바로 매번 실행한 결과가 반드시 같은 것이 아니라는 점이다.

결과 참조:

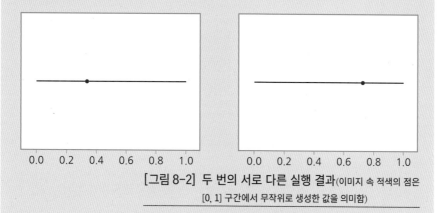

[그림 8-2] 두 번의 서로 다른 실행 결과(이미지 속 적색의 점은 [0, 1] 구간에서 무작위로 생성한 값을 의미함)

실험 절차 ②:

여러 개의 무작위 숫자(예를 들면 *M* = 10, 100, 10000⋯)를 생성하여 이미지 속의 출력된 값의 분포 특징을 관찰한다. [그림 8-3]에서처럼 히스토그램으로 무작위성을 묘사하도록 한다.

결과 참조:

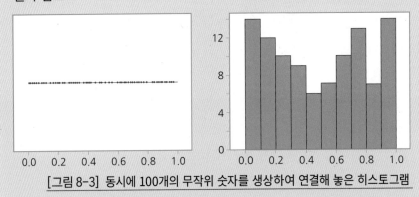

[그림 8-3] 동시에 100개의 무작위 숫자를 생상하여 연결해 놓은 히스토그램

실험 절차 ③:

이번 절차는 ②와 유사하지만, 정규 분포(normal distribution)의 히스토그램을 그리도록 한다. ([그림 8-4] 참조)

요점: 무작위성의 구현 방법은 여러 가지가 있으며 특징 또한 완전히 같은 것만이 아니다. 이미지 생성 등의 실제 사례에서 데이터가 구성하는 분포는 실험에서 예로 든 것보다 훨씬 복잡하다.

결과 참조:

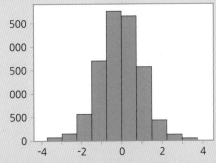

[그림 8-4] 생성된 무작위 숫자들로 구성한 정규 분포 히스토그램

　　실험에서 무작위의 개념과 무작위 현상이 어떻게 분포를 하는지 알아보았다. 또한, 히스토그램으로 서로 다른 분포 특성을 직관적으로 볼 수 있었다. 모든 연예인 사진도 전부 이미지 공간에서 복잡한 데이터 분포로 구성된다. 이런 분포는 히스토그램과 같은 툴로써 직접적으로 설명하기가 불편하다. 그렇다면 데이터 분포를 어떻게 설명할까? 아래에 소개하는 생성망은 이를 해결한다. 간단하고 파악하기 쉬운 분포를 복잡하고 파악하기 어려운 데이터 분포로 바꿈으로써 간단한 분포를 통해 간접적으로 복잡한 데이터 분포를 파악하는 것이다. 예를 들면 간단한 분포는 앞에서 사용한 정규 분포를 사용할 수 있다. 생성적 대립 신경망에서는 간단한 분포가 생성한 샘플이 처한 공간을 잠재 공간(latent space)이라고 한다.

8.2 생성망

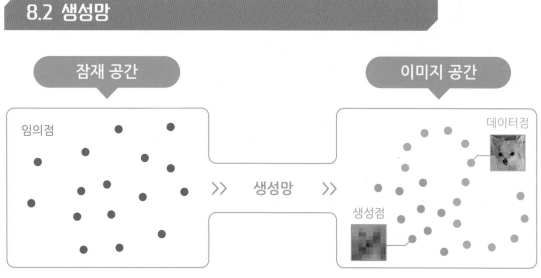

[그림 8-5] 생성망 작업 설명도(이미지 공간 중의 한 점은 한 장의 이미지를 의미함)

생성망 작업은 임의점을 데이터 세트와 비슷한 이미지로 변환하는 것이다. 이 임의점들은 잠재 공간에서 무작위로 선택한다. 이것은 마치 예술가가 원래는 간략하고 추상적인 예술적 구상을 한 장씩 복잡한 의미가 담긴 그림으로 전환시키는 것과 유사하다.

[그림 8-5]를 참조하여 보면, 생성망은 '점에서 점으로의 전환'을 구현할 수 있는 함수로써 잠재 공간의 점을 이미지 공간 속의 점으로 전환한다. 생성망이 생성한 점을 바로 생성점이라고 한다. 생성망을 거쳐 잠재 공간 속의 분포는 이미지 공간 속의 분포로 전환한다.

이에 후자를 생성 분포라 한다. 때로는 생성망을 생성기(generator)라고도 한다.

[실험 8-2] 생성망

실험 목적: 생성망의 개념에 대해 직관적인 이해를 갖는다.
실험 설명: 생성망은 함수의 사상(寫像, mapping)을 통해 임의 분포로의 전환을 실현하는 것이다.

실험 절차 ①:
생성기의 수학적 의미를 하나의 간단한 선형 함수 $y = ax + b$로 표시할 수 있다고 가정하면 함수의 이미지는 [그림 8-6]과 같다. 임의의 숫자들을 생성하고 그 숫자들을 함수에 대입하면 대응하는 출력을 얻을 수 있다. [그림 8-7]과 같이 히스토그램으로 입력한 데이터와 출력한 결과의 분포 차이를 관찰한다.
요점: 함수는 분포를 전환할 수 있다.

결과 참조:

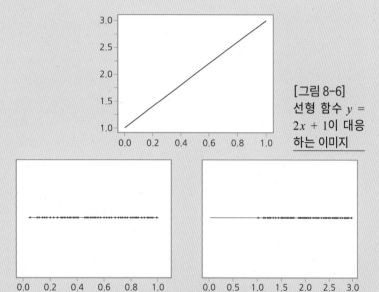

[그림 8-6]
선형 함수 $y = 2x + 1$이 대응하는 이미지

[그림 8-7] [0, 1]에 생성한 임의의 데이터를 함수 $y = 2x + 1$에 대입해 [1, 3] 사이에 있는 결과를 획득함.

실험 절차 ②:

복잡한 전환 함수(함수 이미지는 [그림 8-8] 참조)를 사용해 함수 결과의 분포 특징을 균일 분포(uniform distribution)에서 정규 분포로 전환할 수 있다.

전환 후의 효과는 [그림 8-9]와 같다.

요점: 정교하게 설계한 전환 함수(Transformation function)는 한 종류의 분포를 다른 종류의 분포로 전환할 수 있다. 생성적 대립 신경망은 바로 이런 전환을 학습해야 한다.

결과 참조:

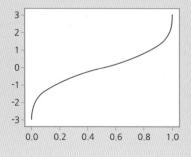

[그림 8-8]
정교하게 설계한 전환 함수

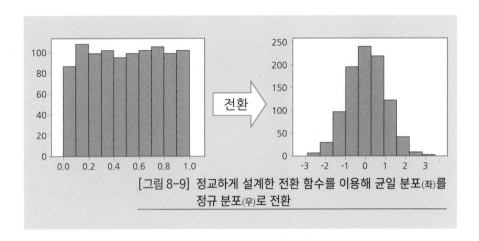

[그림 8-9] 정교하게 설계한 전환 함수를 이용해 균일 분포(좌)를 정규 분포(우)로 전환

실제 이미지 공간에서의 분포 상황은 매우 복잡한 것이다. 간단한 함수는 이런 임의의 점을 전부 알맞게 실제 이미지가 처한 위치에다 전환하기가 매우 어렵다. 그러므로 실행 과정에서는 일반적으로 심층 신경망을 이용하게 된다. 심층 신경망의 막강한 표현 능력은 실제에 가까운 이미지 생성을 가능하게 만든다. 그러나 임의로 설정한 네트워크가 생성한 것은 일반적으로 아무런 의미가 없어 보이는 이미지이다. 그렇다면 생성망을 어떻게 훈련해야 의미 있는 이미지를 생성할 수 있을까?

앞에서 분류망(분류기)의 훈련을 어떻게 했었는지 돌이켜보자. 분류 작업을 수행할 때 입력한 것은 이미지이고 출력된 것은 범주(카테고리)이다. 훈련할 때 입력한 이미지가 무엇이든 분류망은 모두 각각의 입력된 점을 위해 확정된 출력 목표 하나를 찾아 준다([그림 8-10] 왼쪽 참조). 이렇게 목표를 얻게 되면 목표와의 거리를 좁힘으로써 분류망을 최적화할 수 있다.

생성망에서 이미지만 제공하고 그 외에는 아무런 기타 정보가 없다. 따라서 잠재 공간 속의 점은 이미지 공간 속에서 확정된 목표점이 없다([그림 8-10] 오른쪽 참조). 직접 비교할 수 있는 목표가 없으면 어떻게 생성망을 최적화하는가? 이때 필요한 것이 바로 생성적 대립 신경망의 또 하나의 중요한 부분인 판별망이다.

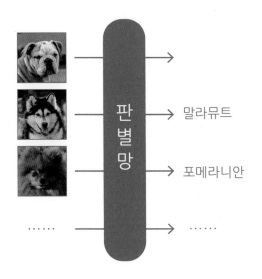
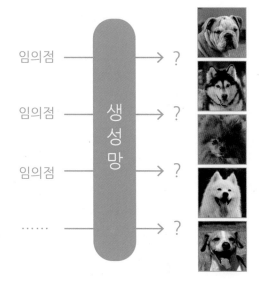

[그림 8-10] 판별망과 생성망의 작업 방식 비교

8.3 판별망

　판별망은 한 장의 이미지가 과연 실제 데이터에서 온 것인지 생성 망이 생성한 것인지 판단하는 것이다. 판별망을 훈련하는 과정은 끊임 없이 두 종류의 다른 이미지를 입력하여 서로 다른 값을 주석함으로써 식별 능력을 향상하는 과정이다. 입력된 것이 실제 데이터 중의 이미 지일 경우 1을 값으로 주석하고, 입력된 것이 현재 생성망이 생성한 이 미지이면 0을 값으로 주석한다. 판별망이 훈련을 마치고 나서 이미지 한 장을 입력할 경우 해당 이미지가 생성망이 생성한 것이 확실하면 출력값이 0이고, 반대로 판별망이 해당 이미지가 실제 데이터에서부 터 온 것이리고 식별하면 출력값이 1이다. 일부 경우에서 판별망은 한 이미지가 컴퓨터가 생성했을 수도 있고, 실제 데이터에서 온 것일 수 도 있다고 판단하면 실제 데이터일 확률을 출력으로 한다.

　판별망의 출력 결과는 하나의 값에서 공간 속의 한 점이 실제 데이 터에서 왔을 가능성을 표시한다. 출력값이 0이면 판별망이 해당 이미 지는 컴퓨터가 자동으로 생성한 것이라고 판단한다. 출력값이 1이면 판별망이 해당 이미지가 실제 데이터로부터 온 것이라고 판단한다. 출 력값이 0.5이면 판별망이 해당 이미지가 실제 데이터일 가능성과 컴퓨 터가 생성했을 가능성이 반반이라고 판단하는 것이다. 판별망을 판별 기(discriminator)라고도 한다.

[실험 8-3] 판별망으로 점의 출처를 분별하기

실험 목적: 판별기에 대해 직관적인 느낌을 갖는 것

실험 설명: 판별기는 한 점이 실제 데이터에서 왔을 확률을 출력한다.

실험 절차 ①:

데이터 분포와 생성 분포를 시뮬레이션한다. 데이터점은 숫자 선의 [2, 5] 구간에 균일하게 분포한다고 가정하고 생성점은 숫자 선의 [1, 3] 구간에 균일하게 분포한다고 가정한 후, 이미지를 그려내고([그림 8-11] 참조) 분포 결과를 관찰한다.

요점: 이 절차는 후속 실험 절차를 위해 데이터를 준비하는 것이다.

결과 참조:

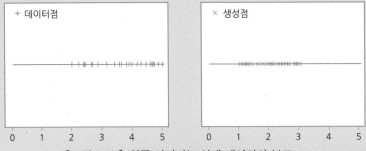

[그림 8-11] 왼쪽 이미지는 실제 데이터의 분포([2, 5] 사이에 있음)
오른쪽 이미지는 생성 데이터의 분포([1, 3] 사이에 있음)

실험 절차 ②:

판별기 하나를 사용해 실험 절차 ① 중의 데이터에 대해 훈련을 하여 이미지를 생성([그림 8-12] 참조)한 후 훈련 결과를 관찰한다.

요점: 이번 절차는 판별망을 훈련하는 것이다.

결과 참조:

판별기의 출력 결과를 관찰하면 최적화 판별기의 출력 규칙을 발견할 수 있는가? 사실상 최적화 판별기의 출력 표현식은 다음과 같다.

$$\frac{P_{real}}{P_{real} + P_{fake}}$$

이 중 P_{real}과 P_{fake}은 각각 실제 데이터의 확률 밀도(probability density)와 생성 데이터의 확률 밀도를 의미한다.

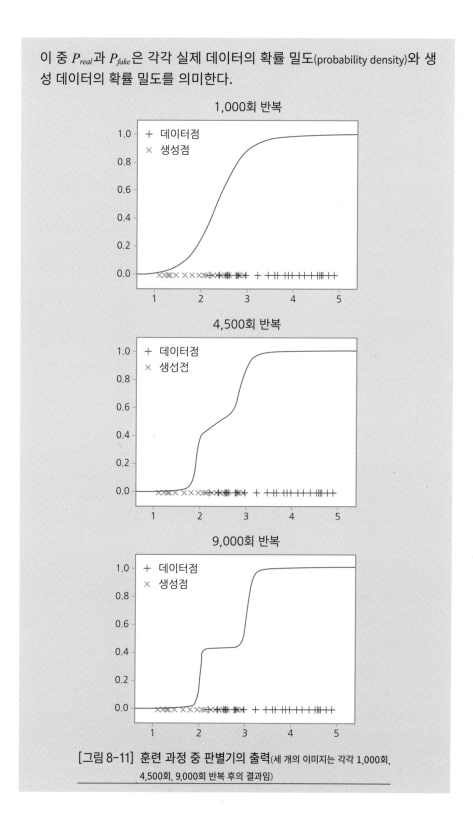

[그림 8-11] **훈련 과정 중 판별기의 출력**(세 개의 이미지는 각각 1,000회, 4,500회, 9,000회 반복 후의 결과임)

8.4 생성적 대립 신경망

생성적 대립 신경망은 생성망과 판별망 두 부분으로 구성된다. 이 둘은 서로 협력하기도 하고 서로 대립하기도 한다. 서로 협력한다는 것은 상호 작용하고 서로 뒷받침해 주기 때문이다. 판별망이 실제 이미지와 생성기가 생성한 이미지를 최대한 명확히 구분해 내기 위해서는 두 종류의 이미지를 동시에 얻어야 한다.

한편, 생성망은 실제 이미지와 유사한 이미지를 생성하기 위해 판별망이 출력한 피드백 정보에 의지해야 한다. 이 둘이 서로 대립한다는 말은 판별망의 목표는 세밀한 부분까지 판별하여 생성망이 생성한 이미지가 실제 이미지의 행렬에 드는 것을 방지하기 때문이다.

또한, 생성망의 목표는 최대한 실제 이미지와 유사한 이미지를 생성하여 판별망의 판단을 흐려서 가짜로 진짜를 대신하는 것이다. 그렇다면 이 둘은 구체적으로 어떻게 상호 작용하는 것일까?

생성적 대립 신경망의 훈련은 두 개의 교차 진행 단계가 있는데, 하나는 생성망을 고정해 놓고 판별망을 훈련하는 단계이고, 또 하나는 판별망을 고정해 놓고 생성망을 훈련하는 단계이다.

생성적 대립 신경망

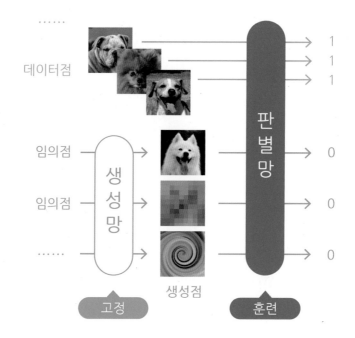

[그림 8-13]
고정된 생성망으로
판별기를 훈련하는
작업 방식 설명도

[그림 8-13]은 생성망을 고정하여 판별망을 훈련하는 과정을 나타내고 있다. 우선 일정 수량의 임의점을 생성하고 생성망으로 이 임의점들을 생성 이미지로 전환한다. 그리고 일정 수의 실제 이미지를 가져다가 생성 이미지와 함께 이진 분류(Binary Search) 데이터 세트를 구성한다. 분류 목표는 이미지가 생성된 것인지 아니면 데이터 세트로부터 온 것인지 판별하는 것이다. 이 작은 데이터 세트에서 하나의 판별망을 훈련하여 실제 이미지에 대한 예측이 1에 근접하도록 하고 생성 이미지에 대한 예측이 0에 근접하도록 함으로써 실제 이미지와 생성 이미지를 구분하는 능력을 부여한다.

판별망을 고정하여 생성망 훈련하기

[그림 8-14]는 판별망을 고정하여 생성망을 훈련하는 단계를 나타내고 있다. 이 단계에서 지속적으로 잠재 공간에서 임의점을 형성하고 생성망으로 임의점들을 이미지로 전환한다. 이어서 이 생성한 이미지들을 판별기에 입력하여 '이미지가 실제 이미지일 확률'을 얻는다. 더욱 중요한 것은 판별망은 생성망에도 판별 출력 확률을 향상할 수 있는 피드백 정보를 제공한다는 것이다. 생성망은 획득한 피드백 정보를 이용해 생성망의 파라미터를 조정하고, 생성된 작품이 판별망에서 더 높은 점수를 받을 수 있도록 한다. 이처럼 일정량의 훈련을 거치고 나면 생성망은 실제 이미지에 더욱 근접하는 생성 이미지를 출력할 수 있게 된다.

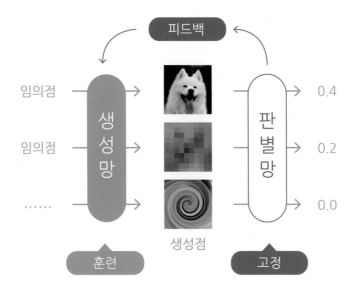

[그림 8-14]
고정된 판별망으로 생성기를 훈련하는 설명도

생각과 토론

생성적 대립 신경망의 기본적인 방법을 학습하고 나서 다음과 같은 내용을 생각해 보자. 훈련 과정에 생성기와 판별기 간의 동적인 교차 과정에 생성망의 이미지 생성 수준이 향상될 수 있는가? 생성망이 생성한 이미지가 판별기에서 얻은 값이 최종적으로 1에 근접할 것인가?

대립 과정 시범

허구의 간단한 예시로, 생성망과 판별망 사이의 동적 대결 과정을 보도록 하지. 데이터가 [3, 5] 구간에 균일하게 분포한다고 가정한다. 처음에 생성망은 [0, 1] 구간의 숫자만 생성할 수 있다. 그 공간 속에서의 분포 상황을 [그림 8-15]로 나타내었다.

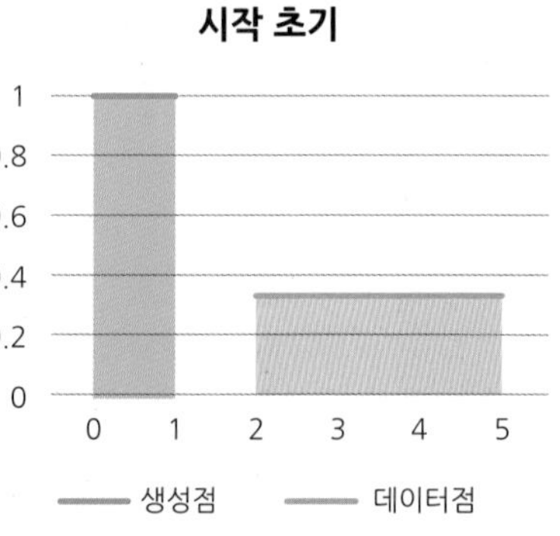

시작 초기

[그림 8-15]
동적 학습 시작 초기 생성점과 데이터점의 분포 상황

그림에서 가로축은 데이터점과 생성점이 있는 공간을 의미한다. 세로축의 숫자는 확률 값이다. 녹색과 주황색의 선은 각각 생성점과 데이터점이 공간에서 출현할 확률을 표시하며 값이 클수록 출현할 확률이 매우 높다. 모든 값이 출현할 확률의 총합은 1이므로 각 선 아래의 직사각형의 총면적은 전부 1이다. 생성점의 공간 범위는 [0, 1] 사이로써 상대적으로 좁기 때문에 녹색 직사각형은 좁고 높은 모양을 한다. 데이터점의 공간 범위는 [2, 5] 사이로써 폭이 넓지만 각 점의 출현 기회는 균등하게 나누고 나면 상대적으로 작기 때문에 주황색 영역은 낮고 넓은 직사각형의 모양을 나타낸다.

동적 학습이 시작되고 첫 회차의 실행 결과는 [그림 8-16]과 같다.

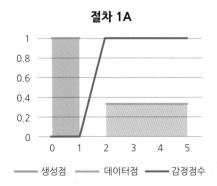

절차 1A

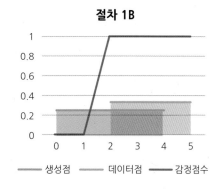

절차 1B

[그림 8-16] 왼쪽 이미지는 판별망이 훈련을 거쳐서 각 점에 대한 판별을 얻은 결과이고, 오른쪽 이미지는 생성망의 생성 범위를 조정한 후의 설명도이다.

절차 1A([그림 8-16]의 왼쪽)는 판별망을 훈련한 후의 결과를 나타내고 있다. 그림 중 청색선(감정 점수)은 판별망의 출력 점수를 의미한다. 생성점(그림 중 녹색 선)이 있는 영역이 데이터점(그림 중 주황색 선)이 있는 영역과 상대적으로 멀리 떨어져 있는 것을 관찰할 수 있는데, 이는 판별망이 생성기가 생성한 점(대응하는 출력 점수가 0)과 실제 데이터로부터 온 점(대응하는 출력 점수가 1)을 분명하게 판별할 수 있음을 의미한다.

생성망은 더 높은 판별 점수를 얻기 위해 생성 범위를 확대하는 조정 방안을 실행한다. 절차 1B([그림 8-16]의 오른쪽)의 조정을 거쳐 생성망의 출력 범위는 점수가 1인 영역과 이미 일부분이 서로 겹친다. 이는 생성기가 판별기로부터 유용한 피드백 정보를 얻었으며, 또한 어느 정도의 최적화를 실현하였음을 의미한다.

첫 회차의 실행을 거치고 나서 판별망은 2회차 실행에서 '상대'에 대한 정확한 평가, 즉 생성망의 최신 수준을 위해 자체적으로 업그레이드를 한다([그림 8-17] 왼쪽 참조).

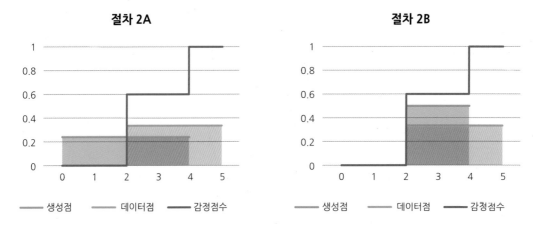

[그림 8-17] 왼쪽 판별망은 업데이트를 마친 후의 설명도이고,
　　　　　　오른쪽 생성망은 생성점의 구간을 조정한 결과의 설명도이다.

[그림 8-17]의 왼쪽 이미지로부터 볼 수 있듯이, 판별기가 '2, 4' 구간에 분포한 점에 대해 매긴 점수는 0.6에 가까운데 이는 판별기가 이 영역 중의 점에 대해 실제 데이터에서 왔을 확률이 60% 정도 된다고 판단함을 의미한다.

이때 생성망은 피드백을 획득하고 나서 득점이 너무 낮은 점들이 있는 구간 범위(즉 '0, 2' 공간 범위에 있는 점)를 '2, 4' 구간([그림 8-17]의 오른쪽 이미지) 안으로 전부 이동함으로써 자신의 '2, 4' 구간에서의 우세를 확대한다. 그림으로부터 볼 수 있듯이 '2, 4' 구간에서 생성점이 출현할 확률은 이미 데이터점보다도 높아졌다.

[그림 8-17]을 관찰해 보면 생성망이 생성한 점은 이미 전부 데이터점의 공간 범위 내에 포함되어 있다. 이미지를 생성한다면 현재 생성된 이미지는 모두 실제 이미지와 매우 유사하다. 유일한 결함은 생성기가 아직 '4, 5' 구간의 데이터를 생성할 수 없는 것이다. 그렇다면 알고리즘이 이 문제를 해결할 수 있을까?

앞에서의 실행을 거치고 나서 판별망은 또다시 자체적으로 업그레이드함으로써 '2, 4' 구간의 점들에 대한 점수를 낮춘다([그림 8-18] 중의 왼쪽 이미지 참조). 생성기는 판별기가 '4, 5' 구간의 점들에 대해 더 높은 점수를 매긴다는 것을 판별망에서 얻은 다음 계속해서 최적화한다. 최적화의 결과는 [그림 8-18] 중의 오른쪽과 같다. 이로써 생성점이 분포하는 영역이 데이터점이 분포하는 구역과 완벽하게 서로 겹침을 볼 수 있다. 이때 계속해서 실행하게 되면 시스템이 현재의 완벽한 상태를 망가뜨려서 더 안 좋아지지 않을까 하는 걱정이 생길 수도 있다.

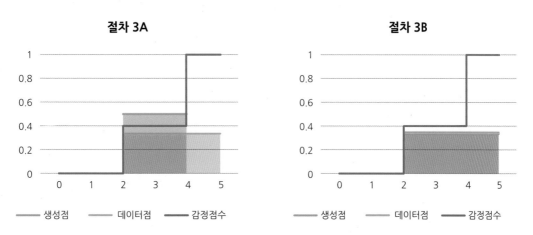

[그림 8-18] 왼쪽은 판별망을 업데이트한 후 데이터 결과의 관계에 대한 설명도이며, 오른쪽은 생성망이 최적화한 후의 결과에 대한 설명도이다.

앞에서의 실행을 거치고 나서 판별망의 각 구간 내 점에 대한 출력 결과는 모두 0.5가 되었다([그림 8-19] 왼쪽 참조). 이는 판별망이 구간 내의 모든 점에 대해서 생성기가 생성한 것인지 실제 데이터에서 온 것인지 절대적으로 판단하지 못함을 의미한다. 생성망의 입장에서도 개선할 필요성이 없다. 생성점 구간과 데이터점 구간의 각 점들의 점수가 모두 일치하기 때문에 생성기는 자신이 생성한 이미지가 이미 실제 이미지와 차이가 없다고 여기기 때문이다([그림 8-19] 오른쪽 참조). 따라서 생성적 대립 신경망 전체가 안정적 상태에 도달하였다.

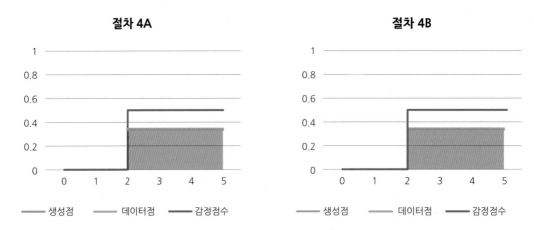

[그림 8-19] 왼쪽은 판별망이 갱신 후의 데이터 결과 설명도이며, 오른쪽은 생성망이 개선하지 않고 안정적 상태에 진입했음을 의미한다.

동적 학습 과정에 대한 실험에서 생성적 대립 신경망 속에서 생성망과 판별망이 동적으로 협력하고 상호 대립하며 최종적으로 이상적인 안정 상태에 도달함을 알게 되었다.

8.5 조건부 생성적 대립 신경망

생성적 대립 신경망은 비록 진짜 같은 이미지를 생성할 수 있지만, 생성한 내용은 무작위적인 것이다. 그렇다면 어떻게 안경을 쓴 연예인 등과 같이 지정된 특징을 갖춘 이미지를 생성할 수 있을까? 주어진 조건에 따라 이미지를 생성할 수 있는 조건부 생성적 대립 신경망(Conditional Generative Adversarial Nets, CGAN)이 이 문제를 해결한다.

비록 실용 단계에 진입하지는 못했지만 이 기술은 이미 커다란 응용의 잠재력을 보여 주고 있다.

우리에게 도움이 될 수 있는 사례를 그림으로 설명하도록 하겠다.

안면의 측면에서부터 정면으로: 범인 식별

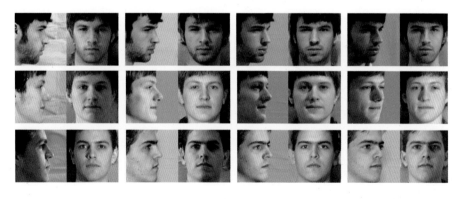

[그림 8-24]
조건부 생성적 대립
신경망으로 얼굴 측
면을 정면으로 전환

해당 사례에서 조건은 바로 한 사람의 측면 사진이고 생성하는 목표는 바로 동일 인물의 정면 사진이다(이미지 출처 논문: 〈Beyond Face Rotation: Global and Local Perception GAN for Photorealistic and Identity Preserving Frontal View Synthesis〉).

청년에서 장년으로: 실종 아동 찾기

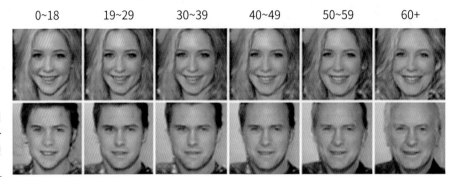

[그림 8-25]
조건부 생성적 대립
신경망으로 다른 나
이 대의 사진을 생성
하기

해당 사례에서 조건은 나이가 정해진 얼굴 사진이고, 생성하는 목표는 동일 인물의 기타 연령대의 사진이다(이미지 출처 논문: ⟨Face Aging with Conditional Generative Adversarial Networks⟩).

8.6 이 장의 요약

이 장에서는 컴퓨터가 어떻게 생성적 대립 신경망으로 실제 같은 사진을 생성하는지에 대해 설명하였다. 생성적 대립 신경망의 훈련 과정에 생성망과 판별망은 서로 협력하고 대립하는 과정에 최종적으로 이상적인 균형 상태와 실제 이미지에 근접하는 이미지 생성 효과에 도달한다. 생성기는 판별기에 훈련 샘플을 제공하고 판별기는 생성기에 구체적인 최적화 목표를 제공한다. 생성기의 최적화 목표는 진짜 같은 가짜 이미지를 생성하여 판별기의 판별을 속여 넘기는 것이고, 판별기는 입력된 샘플이 진짜인지 가짜인지 최대한 분별한다.

　　생성 모델은 꽤 널리 응용하고 있는 인공지능 모델이다. 이 장에서
소개한 생성적 대립 신경망은 생성 모델 중의 일반적 사례로써 한편으
로는 이미지 분야에 사용되어 양질의 이미지를 생성하며, 다른 한편으
로는 '대립'은 여러 작업에 폭넓게 응용하고 있다.

제9장 인공지능,
최고의 바둑 고수

2016년 인공지능 프로그램 알파고(AlphaGo)가 등장하여
인간 프로 바둑의 세계 일류 고수들을 모조리 이기면서,
인간 지혜의 최후 보루라 여겨지던 바둑마저 인공지능
프로그램 앞에서 무너졌다.

사진: Stan Honda/AFP/Getty Images

이 이야기는 컴퓨터의 체스 소프트웨어에서부터 시작한다. 1997년 IBM의 슈퍼컴퓨터 딥블루(Deep Blue)가 체스 세계 챔피언 가리 카스파로프(Garry Kasparov)를 꺾으면서 세계를 놀라게 하였다. 이에 비해 컴퓨터 바둑 프로그램의 발전은 매우 느렸는데, 그 이유는 바둑판은 둘 수 있는 수가 매우 많고, 국면의 변화가 다양하며, 복잡한 정도가 체스를 비롯한 다른 보드게임보다 월등히 높기 때문이었다. 따라서 컴퓨터가 바둑에서 프로 선수를 이기는 것은 매우 어려웠다. 딥블루가 승리를 거두고 10여 년의 발전을 거친 후에도 실력이 가장 좋은 인공지능 바둑 프로그램은 아마추어 선수 수준밖에 도달하지 못했고, 접바둑을 두지 않으면 절대로 프로 바둑기사를 이길 수 없었다.

알파고는 구글의 딥마인드(Deep Mind) 연구팀이 2014년부터 연구 개

※ 접바둑: 바둑에서 실력 차가 나는 상대가 바둑 돌을 미리 몇 개 더 놓고 시작하는 것.

발하기 시작한 인공지능 프로그램으로, 알파고의 출현은 세계 바둑의 역사에 큰 획을 그었다. 2015년 10월 알파고는 유럽 바둑 챔피언 판후이(Fan Hui)를 꺾고 접바둑이 아닌 맞바둑으로 프로 바둑기사를 이긴 최초의 컴퓨터 프로그램이 되었다. 그러나 많은 평론가와 인공지능 전문가들은 판후이의 실력이 바둑 세계 챔피언과 거리가 있기 때문에 알파고는 여전히 최고의 바둑기사를 이길 수 없다고 여겼다. 2016년 3월 알파고는 세계 바둑 챔피언이자 프로기사인 이세돌과 인간 대 컴퓨터의 세기적인 대전을 펼쳐서 4대1로 승리를 거두면서 세상을 놀라게 하였다. 또다시 2017년 5월, 알파고의 업그레이드 버전인 알파고 제로가 당시 세계 1위 바둑 챔피언인 커제를 상대로 3:0으로 완승하였다. 이로써 바둑계에서는 알파고의 실력이 이미 인간 프로기사의 최고 수준을 넘어섰다고 공인하였다.

알파고가 대승을 거둘 수 있었던 것은 강화학습(reinforcement learning)의 도움이 컸다. 이로 인해 강화학습 인공지능 연구에서 중요한 이슈가 되었다. 알파고를 따라서 강화학습의 신비로움을 탐구하고 컴퓨터가 어떻게 스스로 학습하여 바둑 고수가 되었는지 함께 알아보자.

9.1 알파고의 바둑 게임망

앞에서 설명한 대로 알파고는 인공지능 바둑 프로그램으로, 그 기능은 인간과 대국하는 과정에 최종적으로 대국에서 승리를 거두기 위해 현재 국면(situation)에서 어디에 수를 두어야 하는지 결정하는 것이다.

현재 국면에서 어디에 바둑 수를 둘 것인지 결정하는 과정은 바로 알파고 내부의 바둑 게임망이 책임진다. 이 바둑 게임망을 정책망(policy network)이라고도 하며 현재의 바둑판 형국을 입력으로 삼고, 현재 형국에서 착점마다 수를 둘 확률이 바로 출력이다.

지도학습 정책망

알파고는 우선 지도학습의 방식으로 정책망을 하나 훈련하는데, 이를 지도학습 정책망이라고 한다. 지도학습 정책망은 심층 합성곱 신경망으로 해당 부분의 기능을 실현하였다. 신경망의 입력은 현재 국면의 착점 확률뿐만 아니라 바둑의 활로, 집(목), 집짓기 등 인위적 구조의 특징을 추가하였다.

해당 정책망의 훈련에 있어서 알파고 연구팀은 온라인 바둑 서버인 KGS(Kiseido Go Server: '기세이도'는 일본이 1999년 개발한 유럽·아메리카·동남아 등지까지 포함해서 다양한 국적의 바둑인이 참여하는 온라인 대국실)에서 인간 바둑기사의 16만 회차 대국 기보를 얻었고, 그중에서 3,000만 건의 샘플을 수집하여 훈련 샘플로 사용하였다. 각 샘플에 포함된 현재 형국인 s와 인간의 착점 방안인 a를 (s, a)로 기록하고, 해당 3,000만 개의 샘플에 대해 지도학습의 방식으로 정책망을 훈련함으로써 지도학습 정책망을 얻었다. 사실 지도학습 정책망은 이미 인간 바둑기사의 스타일을 모방하여 수를 둘 수 있었다.

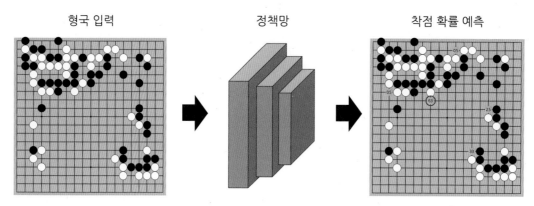

형국 입력　　　　　　정책망　　　　　　착점 확률 예측

[그림 9-1] 정책망 설명도

　　이미 인간을 모방해 바둑을 둘 수 있었지만, 이러한 훈련 방법은 매우 큰 문제가 존재한다. 온라인 바둑 서버인 KGS(Kiseido Go Server)에 있는 기사들은 수준이 서로 다르므로 모든 착점이 전부 훌륭한 것은 아니다. 또한, 최상급 기사들의 기보는 매우 적으므로 이런 샘플들로 훈련하기에는 역부족이다. 실제로도 이런 훈련을 거친 정책망의 실력은 아마추어 선수의 수준에만 머물러 있었고 최상급 기사들과 대국을 펼칠 수 없었다.

　　그 원인을 분석해 본 결과 기사들의 수준이 들쑥날쑥한 것 외에 또 하나의 중요한 이유가 바로 훈련 샘플 (s, a) 중에는 기사가 어떻게 수를 두는지에만 주목하고 최종 결과의 승패에는 주목하지 않았기 때문이다. 그야말로 좋은 것도 배우고 나쁜 것도 배웠으니 어떻게 실력을 높일 수 있을까?

　　이런 문제를 해결하고 정책망의 실력을 더욱 향상하기 위해 알파고는 강화학습 기술을 사용하였다. 강화학습 기술을 도입함으로써 알파

고는 자신과 대국하고 자신과 싸우면서 실력을 쌓아갔고 더욱 강해질
수 있었다. 그렇다면 강화학습이란 과연 어떤 것일까?

강화학습의 기본 개념

　강화학습은 지도학습이나 비지도학습과 마찬가지로 머신러닝 알고
리즘의 일종이다. 강화학습과 지도학습의 가장 주요한 차이는 피드백
이 지도적인 것이 아니라 평가적인 것이라는 점이다. 지도학습이 제공
하는 지도적인 피드백은 지도적인 피드백으로 학습자에게 어떤 행위
를 해야 더 높은 보상을 얻을 수 있는지 알려주는 역할을 한다.

　반면 강화학습의 평가적 피드백은 오로지 학습자에게 현재 행위의
좋고 나쁨만을 알리므로 학습자는 반드시 여러 번 시도를 하고 나서야
비로소 어느 행위가 더 높은 보상을 얻을 수 있는지 알 수 있다. 또한,
현재의 행위는 지금의 보상에 영향을 미칠 뿐만 아니라 후속적인 보상
에도 영향을 미친다.

　강화학습은 컴퓨터가 인간처럼 완전히 독립적인 학습으로 한 가지
기능을 학습할 수 있도록 했으며, 진정한 인공지능을 실현할 수 있는
잠재력을 부여하였다. 알파고는 독립적인 학습의 알고리즘을 이용하
여 자신과 대국을 펼침으로써 바둑 실력을 향상하였다.

에이전트와 환경 간의 상호 작용

강화학습의 기본 개념에 대해 학습하였으니, 이제 강화학습에는 어떤 기본 요소들이 있는지도 알아보도록 하자.

강화학습에서 결정을 책임지는 실체를 에이전트(agent)라 한다. 예를 들면 바둑을 둘 줄 아는 알파고, 무인자동차, 사람 등이 있다. 에이전트는 환경(environment)에 존재하고 에이전트의 행동은 환경에 작용하며 환경의 피드백을 받는다. 강화학습은 바로 에이전트와 환경 간의 상호 작용([그림 9-2] 참조)을 연구하는 것이다.

에이전트는 특정 행동(action)으로 환경의 현재 상태(state)를 인식하고 환경의 상태가 변한 후에 에이전트에게 하나의 관찰(observation)과 하나의 보상(reward)을 돌려준다. 이때 에이전트는 돌려받은 정보에 근거해 새로운 행동을 출력하여 환경과의 상호 작용을 지속한다. 일반적으로 설명한다면, 바로 에이전트가 행동으로 환경에 작용하면 환경의 좋고 나쁨은 보상으로 에이전트에게 피드백한다는 것이다.

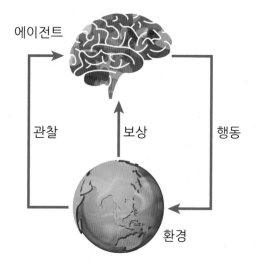

[그림 9-2]
에이전트와 환경 간의 상호 작용

바둑에서는 알파고가 에이전트이고, 그가 직면한 바둑 국면이 바로 현재 환경 상태이며, 알파고가 현재 국면에서 어디에 착점하는지가 바로 알파고가 출력한 행동이며, 알파고가 관찰하게 되는 착점 후의 새로운 국면이 바로 환경이 돌려주는 하나의 관찰이며, 알파고가 최종적으로 대국에서 승리하는지가 환경이 알파고에게 피드백하는 보상이 되겠다.

정책과 강화학습의 목적

환경의 상태 집합과 에이전트의 행동 집합 사이에 매핑(mapping) 관계가 존재한다. 다시 말하면 에이전트가 환경의 어떤 상태를 관찰했을 때 어떤 행동을 출력해야 하는가이다. 이를 일반적으로 설명하면, 각각의 상태에서 에이전트가 다른 행동을 할 확률이 종종 다르다는 것이다. 정책(policy)이 지칭하는 것은 에이전트의 행동으로써 상태 집합에서 행동 집합에 이르는 매핑이다. 예를 들면 바둑에서 환경의 상태 집합은 모든 가능한 국면으로 구성되고, 에이전트의 행동 집합은 바로 알파고가 취할 수 있는 규칙에 부합하는 모든 착점 방안이며, 정책은 바로 알파고의 행동, 즉 서로 다른 국면을 상대할 때 알파고가 선택한 착점 방안이다.

강화학습의 목적은 바로 에이전트가 최종 획득한 누적 보상이 제일 많은 일련의 행동으로 출력하도록 하는 최적의 정책을 하나 찾아내는 것이다. 즉 알파고가 하나의 정책에 따라 착점하게 되면, 여러 대국 중에서 최대한 승리를 많이 거둘 수 있는 최적의 정책을 강화학습으로 찾을 수 있도록 한다.

강화학습 정책망

이제 강화학습에 대해 기본적인 이해를 하였다. 그렇다면 강화학습은 어떻게 훈련하는 것일까? 그리고 알파고는 또 어떻게 강화학습에서 더욱 강한 정책망을 훈련하는 것일까?

우선 강화학습의 훈련부터 알아보자. 해당 과정은 실제로 에이전트와 환경 사이의 끊임없는 상호 작용 속에서 완성되는 것이다. 에이전트가 현재의 정책을 근거로 끊임없이 행동을 출력하여 환경 상태를 전환하고, 환경은 상태의 전환을 근거로 대응하는 보상을 반환함으로써 현재 행동이 환경에 유리한지 아닌지에 대해 표시한다.

에이전트는 환경의 보상을 받고 나서 보상의 높고 낮음에 근거해 즉시 자신의 정책을 조정함으로써 앞으로 새 정책의 지도하에 출력한 행동이 더 높은 보상을 받기를 기대한다. 이처럼 지속적인 반복 과정에서 에이전트는 환경의 보상을 근거로 끊임없이 자신의 정책을 조정해 서서히 최적의 정책으로 접근한다.

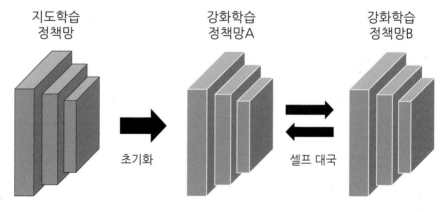

지도학습
정책망

강화학습
정책망A

강화학습
정책망B

[그림 9-3]
강화학습 정책망의
훈련

초기화

셀프 대국

알파고는 정책 기울기(policy gradient)라 불리는 강화학습 기술을 사용하여 바둑 실력이 더욱 강한 정책망으로 훈련한다. 이 강화학습 정책망은 훈련이 완료된 지도학습 정책망을 사용해 초기화를 진행한 다음, 다시 끊임없는 셀프 대국으로 바둑에서의 최종 승리를 목표로 정책망 파라미터를 반복적으로 업데이트함으로써 정책을 개선하고 자신의 승률을 향상한다.

매번 셀프 대국의 양측은 현재 최신의 알파고와 무작위로 선택한 최근 몇 회 이내의 반복 과정 중의 알파고이다. 매번의 대국이 끝나고 나서 현재 버전의 알파고가 대국에서의 승패 결과에 따라 보상을 생성하는데, 승리하면 긍정의 보상을 피드백하고 실패하면 부정의 보상을 피드백한다.

정책망의 파라미터는 정책 기울기 기술을 사용해 보상 최대화의 방향으로 전환한다. 이로 인해 강화학습 정책망의 훈련 과정의 목표는 더 이상 인간 바둑기사를 모방하는 것이 아니라 최종적으로 승리를 거두는 것이 되었다.

강화학습 훈련 후의 정책망은 바둑 실력이 크게 상승했으며, 지도학습 정책망과 대국할 경우 80%의 승률을 거둘 수 있게 되었다.

알파고 정책망의 개선 과정에서 처음으로 강화학습의 강력함을 알게 되었다. 다음에는 강화학습이 어떻게 알파고에 미래를 예측할 수 있는 능력을 부여하였는지에 대해 설명한다.

9.2 알파고의 탁월한 안목

비록 강화학습 훈련을 거친 정책망의 바둑 실력은 크게 늘었지만 결함은 매우 분명하였다. 즉 해당 버전의 알파고는 오로지 현재의 형국에만 근거해 착점을 판단할 수 있다는 것인데, 이는 비록 고수다운 면이 있기는 하지만 직감으로만 바둑을 둘 뿐 아직 '대국적 안목'이 부족하다. "한 돌을 둘 때마다 마음속으로 세 수 앞을 내다본다."라는 말이 있듯이 최상급의 고수들은 대국을 할 때 마음속으로 국면의 반전을 추리해 봄으로써 현재 국면에서 더욱 적합한 착점 방안을 찾는다. 이런 대국적 안목이 부족한 알파고는 여전히 최상급 기사들을 상대할 수 없음은 분명하였다.

알파고에 이런 대국적 안목을 부여하기 위해 딥마인드 연구팀은 알파고에 가치망(Value Network)을 도입하여 알파고의 현재 국면에 대한 가치 판단을 강화하였으며, 몬테카를로 트리 탐색 알고리즘을 도입해 현재 국면의 반전을 추리함으로써 알파고를 도와 더욱 좋은 착점 방안을 찾도록 하였다.

가치망

알파고의 가치망은 현재 국면을 정량적으로 평가하는 데 사용되며, 알파고가 대국 중에 모든 과정을 두지 않더라도 빠르게 현재 국면의 승률을 예측할 수 있도록 하였다. 가치망은 현재 국면을 입력으로 선택해서 알파고의 현재 국면에서의 승률을 계산한다.

　가치망을 훈련할 때 알파고팀은 인간의 기보에서는 더 이상 훌륭한 가치 함수를 얻을 수 없음을 발견하게 되자 다시 강력한 강화학습 기술을 동원하였다. 셀프 대국을 함으로써 새로운 대국 샘플을 충분히 생성하였고 그것으로 가치망을 훈련하였다. 알파고는 훈련이 완료된 강화학습 정책망으로 셀프 대국을 진행하여 3,000만 개의 주석 샘플 (s, z)을 생성하였다. s 국면에서 양측이 정책망에 따라 대국한 후의 최종 승부 상황이 z임을 의미한다. 또한, 샘플 간의 관련성을 제거하기 위해 각 샘플이 모두 서로 다른 대국에서 온 것임을 표시하기도 한다.

　셀프 대국을 기반으로 생성한 샘플로 훈련한 가치망은 그 효과가 대단하여 알파고가 대국을 끝까지 하지 않아도 양측의 승률을 예측할 수 있게 되었다. 또한, 알파고가 제한적인 시간 내에 현재 국면에서의 가능성을 더 많이 추리할 수 있고 나아가 더 좋은 착점 방안을 찾을 수 있도록 하였다.

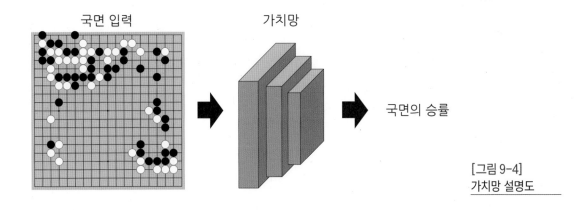

국면 입력　　　　　가치망　　　　　국면의 승률

[그림 9-4]
가치망 설명도

패스트 롤아웃망(fast rollout network)

형국의 추리 속도를 높이기 위해 알파고에 패스트 롤아웃망을 도입하였다. 이는 가벼운 편의 정책망이라고 보면 되는데, 착점 효과는 정책망보다 못하지만 속도는 정책망보다 1,000배가 빨랐다. 패스트 롤아웃의 장점은 나중에 몬테카를로 트리 탐색을 도입하고 나서 빠르게 더 많은 착점 가능성을 시뮬레이션함으로써 컴퓨터가 더 훌륭하게 현재 국면을 분석할 수 있도록 한다는 점이다.

몬테카를로 트리 탐색

비록 가치망으로 현재 국면의 승률을 판단할 수 있지만, 알파고는 여전히 현재의 형국에 대한 추리를 통해서만 대국적 안목을 얻을 수 있었다. 이 때문에 연구팀은 알파고에 몬테카를로 트리 탐색(Monte Carlo tree search) 알고리즘을 도입하였다.

몬테카를로 트리 탐색 알고리즘은 임의 추론으로 탐색 트리를 형성하는 탐색의 과정으로써 다른 의미의 심화학습 알고리즘이라 할 수 있다. 바둑 대국에서 몬테카를로 트리 탐색 알고리즘은 현재 주어진 국면에서 시작해 바둑 형국을 추론하여 양측이 따로 착점하는 상황을 임의 시뮬레이션한다. 여러 차례를 거치고 나면 반드시 승부가 날 것이고 최종 승리하면 긍정적 보상을 하고 패하면 부정적 보상을 한다. 그다음에 알고리즘은 반대 방향으로 대국 과정을 하나하나 거슬러 올라가며 승자가 선택한 착점 방안의 점수를 높이고 패자의 착점 방안 점수를 낮춤으로써 차후에 같은 국면을 만날 때 승자의 방안을 선택할 확률이 증가한다. 이상의 절차를 끊임없이 반복하면 컴퓨터는 여러 가지 착점 가능성과 그에 대응되는 승부 결과를 탐색하게 되고, 훌륭한 착점 방안의 점수도 끊임없이 제고되면서 컴퓨터가 현재 국면에서 앞으로 승리를 거두는 데 더욱 유리한 착점 방안을 선택하도록 작용한다.

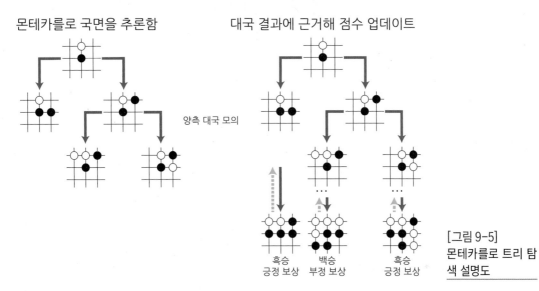

몬테카를로 국면을 추론함   대국 결과에 근거해 점수 업데이트

양측 대국 모의

흑승   백승   흑승
긍정 보상   부정 보상   긍정 보상

[그림 9-5]
몬테카를로 트리 탐색 설명도

많은 장점을 갖고 있는 알파고

알파고는 이미 각 위치의 착점 확률을 알 수 있는 정책망, 속도가 매우 빠른 패스트 롤아웃망, 국면의 가치를 판단할 수 있는 가치망, 국면의 발전 방향을 추론할 수 있는 몬테카를로 트리 탐색 알고리즘 등을 통합하였다. 그렇다면 이처럼 많은 부분을 통합하여 여러 장점을 한 몸에 담은 알파고를 어떻게 구성한 것일까?

해답은 바로 몬테카를로 트리 탐색 알고리즘이 국면을 추론할 때 각 모듈을 통합하는 것이다.

알파고는 현재 국면에 마주할 때 몬테카를로 트리 탐색 알고리즘으로 국면의 진행 방향을 추론해야 한다. 즉 대국 양측의 각종 착점에 대한 탐색을 시뮬레이션한다. 이때 알파고는 탐색하면서 임의의 알고리즘으로 착점을 선택하는 것이 아니라 각 위치에 착점할 경우의 예측 보상에 근거해 착점을 선택한다. 이 예측 보상이 바로 각 모듈의 기능을 융합한 것이다. 패스트 롤아웃망이 신속하게 현재 국면에서 시작해 승부가 날 때까지 양측의 대국을 여러 차례 시뮬레이션한다. 정책망이 시뮬레이션 중 각 국면의 착점 확률 분포를 예측하며, 가치망이 시뮬레이션 중 각 국면의 가치를 예측하며 해당 예측 보상은 여러 차례의 국면 진행에 대한 추론 과정에 끊임없이 갱신(Update)한다.

매번 대국을 시뮬레이션하여 승부를 가리고 나면 해당 회차의 착점 방안 중 각각의 착점 행동의 예측 보상은 모두 갱신된다. 이 때문에 여러 차례 착점 탐색 후에 현재 국면의 모든 가능한 착점 행동의 예측 보상에 대해 안정적인 평가가 이루어지고 나아가 현재 국면에서 더욱 좋은 착점 방안을 선택하도록 돕는다. 실제로 알파고는 여러 차례의 탐색 중 현재 국면에서 방문 횟수가 제일 많은 행동을 최종 착점 방안으로 선택한다.

이처럼 알파고는 체계적으로 정책망, 가치망, 패스트 롤아웃망을 몬테카를로 트리 탐색 알고리즘에 통합시킴으로써 여러 장점을 한 몸에 담았고 최상급 고수도 꺾어 버리는 막강한 위력을 과시하며 세상을 놀라게 하였다.

9.3 알파고 제로(AlphaGo Zero)

알파고가 명성을 떨치고 나서 딥마인드 연구팀은 안주하지 않고 계속해서 더욱 강화된 인공지능 바둑 시스템인 알파고 제로(AlphaGo Zero)를 개발하였다. 알파고 제로는 이전의 알파고보다 구조가 더욱 간결했으며 인간 기보의 영향을 모두 털어내고 완전히 셀프 대국의 강화학습 알고리즘만으로 자신을 훈련하여 알파고와의 대국에서 100대0의 승리를 거두었다.

강화학습 알고리즘이 알파고 제로에서 더욱 중요한 역할을 하였다. 강화학습을 사용했기 때문에 알파고 제로가 스스로 터득하여 바둑 천재가 되었다고 해도 과언이 아니다.

알파고 제로 개요

알파고 제로의 구조는 매우 명확하고 간결한데, 그야말로 강화학습 알고리즘 응용의 모범적 사례이다. 알파고 제로는 훈련의 시작에서부터 규칙 이외의 기타 지도적 피드백은 없으며 알파고가 기타 인공적 특성(활로, 집, 집짓기 등)을 사용했던 것과는 다르게 오로지 바둑판에서의 현재 국면만을 입력 신호로 삼는다. 그 밖에도 알파고 제로는 모델적 측면에서 오로지 하나의 신경망만 사용한다. 과거 버전에서 정책망과 가치망을 따로 사용했던 것과 달리 하나의 신경망으로 동시에 현재 국면의 착점 확률 분포와 국면 승률 가치 평가를 진행한다.

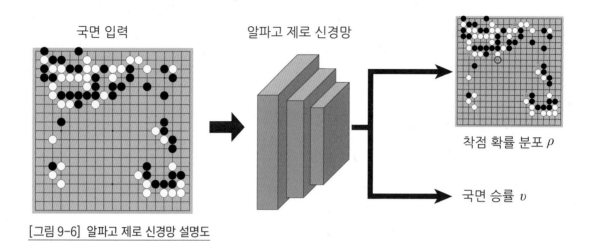

국면 입력　　　　　알파고 제로 신경망

착점 확률 분포 ρ

국면 승률 υ

[그림 9-6] 알파고 제로 신경망 설명도

강화학습의 측면에서 보면 알파고 제로는 정책 반복의 강화학습 알고리즘을 사용해 새로운 신경망의 파라미터를 업그레이드한 것이다. 간단하게 말하면 정책 반복 알고리즘은 끊임없이 정책 평가와 정책 개선을 교차 진행하여 강화학습을 완성한 것이다. 이어서 알파고 제로가 어떻게 정책 반복의 강화학습 기술로 자신을 갱신(Upgrade)했는지 설명할 것이다.

알파고 제로의 훈련

알파고 제로의 훈련은 끊임없는 셀프 대국을 거쳐 완성한 것이다. 매번의 대국 중에서 알파고 제로는 각각의 국면을 대할 때마다 여전히 몬테카를로 트리 탐색 알고리즘을 실행하여 대국을 추론한다. 알파고와 마찬가지로 이때 알파고 제로도 현재 국면의 행동마다 예측 보상에 근거해 착점한다. 그러나 다른 점이라면 알파고 제로는 하나의 신경망으로 동시에 현재 국면의 승률 평가치 v와 현재 국면의 착점 확률 분포 p를 예측해 대응 행동의 예측 보상을 업그레이드하는 데 사용하며, 또한 패스트 롤아웃망을 제거해 버렸기에 더 이상 알파고처럼 패스트 롤아웃망으로 현재 국면에서 시작해 승부가 날 때까지 대국을 시뮬레이션할 필요가 없게 되었다.

현재 국면에 대해 여러 차례 몬테카를로 트리 탐색 알고리즘으로 대국 추론을 함으로써, 알파고 제로는 결국 현재 국면에서 위치의 착점 확률 분포인 π를 탐색해 낸다. 실제로 알파고 제로 또한 몬테카를로 트리 탐색을 사용해 대량으로 탐색하고, 다시 현재 국면에서 행동마다 선택 횟수를 통계하여 현재 국면의 착점 확률 분포 π를 얻는다.

몬테카를로 트리 탐색 알고리즘을 사용해 탐색한 착점 확률 분포 π는 신경망이 예측한 착점 확률 분포 p보다 더욱 우수할 수도 있다. 즉 π를 p의 목푯값으로 할 수 있는 것이다. 이 때문에 몬테카를로 트리 탐색 알고리즘은 알파고 제로의 훈련에서 정책 개선의 과정에 해당한다.

알파고 제로는 셀프 대국 과정에 몬테카를로 트리 탐색 알고리즘을 사용해 개선한 정책인 π를 사용해 착점을 하고, 또한 셀프 대국이 끝날 때 승부를 통계하여 정책 반복 알고리즘의 정책 평가 기준으로 삼아 신경망 파라미터의 역추적 업그레이드에 사용한다.

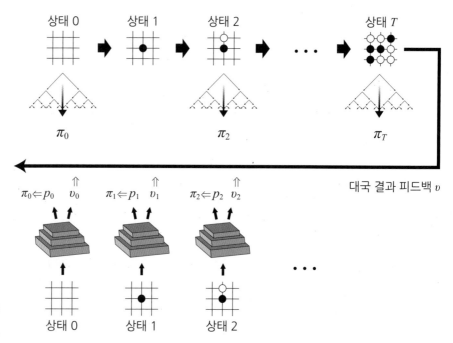

[그림 9-7]
알파고 제로의 셀프
대국 훈련 과정

신경망 파라미터를 역추적 업그레이드할 때, 알파고 제로는 신경망이 예측한 착점 확률 분포 p가 몬테카를로 트리 탐색이 얻은 착점 확률 π에 더욱 접근하도록 하고, 동시에 신경망이 예측한 국면의 승부 결과가 대국의 최종 승부 결과에 더욱 접근하도록 한다.

알파고 제로는 완전히 강화학습의 구조와 셀프 대국으로 자신을 업그레이드했으며, 인간의 기보를 사용하지 않고 훈련하더라도 인간의 기보로 지도학습한 알파고를 꺾을 수 있음을 증명하였다. 알파고 제로는 다시 한번 강화학습 알고리즘의 강력함을 과시하였고, 인간의 사전지식이 없는 상황에서도 컴퓨터가 바둑과 같은 고난도 작업에서 인간을 이길 수 있음을 보여 주었다.

9.4 이 장의 요약

이 장에서는 인공지능 알파고의 기본 원리를 설명하였다. 알파고는 정책망, 가치망, 패스트 롤아웃망, 몬테카를로 트리 탐색 네 가지 부분으로 구성되었음을 알게 되었다. 알파고 원리의 설명과 함께 강화학습 알고리즘을 설명하였다.

강화학습은 일반적으로 사용하는 의사결정 구조로써 컴퓨터가 인간처럼 독립적인 학습을 통해 자신을 업그레이드할 수 있게 하며, 보급형 인공지능을 구현할 수 있는 잠재력을 지녔다. 또한, 강화학습의 중요한 구성 원소와 강화학습의 기본적인 훈련 과정을 설명하였다. 강화학습에서 알파고의 응용에 대한 설명을 통해 강화학습으로 알파고가 셀프 대국을 할 수 있도록 하였다. 나아가 정책망이 더욱 강력해지도록 했으며, 알파고가 고효율적인 가치망을 훈련하여 대국을 여러 번 추리함으로써 대국의 진행 방향을 정확하게 볼 수 있도록 하였다.

마지막으로 알파고 제로의 기본 원리와 알파고와의 차이를 설명하였다. 알파고 제로는 더욱 간결한 강화학습 구조를 갖고 있는데, 이는 알파고 제로가 스스로 터득하고 완전히 셀프 대국만으로 바둑 고수가 될 수 있게 하였다.

비록 이번 장에서 강화학습이 바둑 인공지능 시스템에서 커다란 역할을 한 것을 볼 수 있었으나, 이 장의 강화학습에서 설명한 내용은 단지 빙산의 일각에 불과하다는 것을 알기 바란다. 강화학습은 인공지능에서 일반적으로 사용하는 구조로써 미래에 더 많은 가능성이 기다리고 있다.

편집 후기

AI 해결 전문가가 되려면 무엇을 학습해야 하나요?

학생들이 인공지능 기획설계 개발자가 되려면 어떤 전문기술을 학습해야 하나요?

창의력이 있는 기획 및 설계 전문가가 되려면 기초로서 영어로 집필된 수학, 기하, 물리학, 통계(확률), 컴퓨터(소프트웨어 공학), 클라우드 기본 구조 등을 학습해야 합니다. 그리고 수학 I, II(이산수학, 수치해석, 행렬, 벡터, 공간, 복소수, 상관관계, 방정식, 극좌표, 회귀분석, 선형회귀 함수, 시그모드 함수, 미적분 등) 지식 습득이 필수입니다. 또한, 예측, 분류, 군집, 시뮬레이션, N 좌표기 사용 기술을 학습해야 합니다. 그리고 자료 구조, 데이터 웨어하우즈, 라벨링(Annotation) 구성으로 빅데이터 등을 구축할 수 있어야 합니다.

인공지능 응용 개발 엔지니어가 되려면 컴퓨터 프로그래밍 기초 기술 습득과 더불어 소프트웨어 엔지니어링 전문가가 되어야 합니다. 인공지능 머신러닝 개발자 필요 지식 학습은 훈련(train)과 테스트(test) 세트 분리 과정 습득, 지도학습과 비지도학습을 나누어서 학습하며, 신경망 구조에서 행렬 곱을 이해해야 합니다. 또한, CNN, RNN 등을 충분히 이해하며, 특이한 프로그램 구조를 습득해야 하며, 다양한 문법 sklearn, tensor flow, pytorch, keras 등으로 문제 해결을 할 줄 알아야 합니다.

인공지능의 신개념 지식을 지속적으로 학습하려면

기초 지식으로서 one-hot encoding, softmax, cross-entropy 등 습득, 프로그램 구성, 과적합의 문제 해결하기 위한 앙상블·샘플링·드롭아웃(dropout) 등 과정을 이해해야 합니다. '넘파이'와 '판다스' 단계는 기초적인 형태를 만드는 방법을 습득하고, 아울러 넘파이(NumPy) 경우 행렬을 만들고 사칙연산 방법을 습득하여야 합니다.

라이브러리를 만드는 기초 문법을 이해하고, 다른 소스 코드들을 통해 사용법을 익히며, 모르는 넘파이 문법이 나오더라도 함수 내용을 이해하며, 판다스(Pandas)의 경우도 시리즈(Series)와 데이터프레임(DataFrame) 개념과 색인(index) 등을 습득하고, 다른 소스 코드로 프로그램 구축할 수 있는 능력이 있어야 합니다.

딥러닝 알고리즘의 신경망 구조를 만드는 부분은 소스 코드도 라이브러리마다 다소 다르므로 경사 하강(gradient descent), 역전파(back-propabation)를 이해해야 합니다. 특히 신경망 구조는 퍼셉트론(perceptron) 구조를 만들고 웨이트(weight)를 학습시키는 과정을 이해하며, 알고리즘으로 AlexNet, MLPMulti-Layer Perceptron으로 문제 해결을 할 수 있어야 합니다.

우리 미래에는 인공지능의 기획·설계·개발을 완성할 수 있는 인재들이 국가를 이끌어갈 것입니다. 따라서 선진국들은 창의적인 SW 개발 인재 육성에 국가적 총력을 기울이고 있습니다. 우리도 '글로벌' 인공지능 사회를 선도할 수 있는 창의력과 도전 정신으로 무장한 인재를 육성해야 합니다.

참고 문헌

제2장

[1] Boser, Bernhard E. , Isabelle M. Guyon, and Vladimir N. Vapnik. "A training algorithm for optimal margin classifiers." Proceedings of the fifth annual workshop on Computational learning theory. ACM, 1992.

[2] Christopher, M. Bishop. Pattern recognition and machine learning. Springer – Verlag New York, 2016.

[3] Duda, Richard O. , Peter E. Hart, and David G. Stork. Pattern classification. John Wiley & Sons, 2012.

[4] Freund, Yoav, and Robert E. Schapire. "Large margin classification using the perceptron algorithm." Machine learning 37. 3 (1999): 277– 296.

[5] Liu, Yun, et al. "Detecting cancer metastases on gigapixel pathology images." arXiv preprint arXiv: 1703. 02442 (2017).

[6] Viola, Paul, and Michael Jones. "Rapid object detection using a boosted cascade of simple features." Computer Vision and Pattern Recognition, 2001. CVPR 2001. Proceedings of the 2001 IEEE Computer Society Conference on. Vol. 1. IEEE, 2001.

제3장

[1] Goodfellow, I. , Bengio, Y., Courville, A. , & Bengio, Y. (2016). Deep learning (Vol. 1). Cambridge: MIT press.

[2] He, Kaiming, et al. "Deep residual learning for image recognition." Proceedings of the IEEE conference on computer vision and pattern recognition. 2016.

[3] Ioffe, Sergey, and Christian Szegedy. "Batch normalization: Accelerating deep network training by reducing internal covariate shift." International conference on machine learning. 2015.

[4] Krizhevsky, Alex, Ilya Sutskever, and Geoffrey E. Hinton. "Imagenet classification with deep convolutional neural networks." Advances in neural information processing systems. 2012.

[5] LeCun, Yann, et al. "Gradient – based learning applied to document recognition." Proceedings of the IEEE 86. 11 (1998): 2278 – 2324

[6] Zeiler, Matthew D., and Rob Fergus. "Visualizing and understanding convolutional networks." European conference on computer vision. Springer, Cham, 2014.

[7] CIFAR 10 KIE: https: //www. cs. toronto. edu/~kriz/ cifar. html.

제4장

[1] Goto, Masataka, et al. "RWC Music Database: Popular, Classical and Jazz Music Databases." ISMIR. Vol. 2. 2002.

[2] Oppenheim, Alan V. Discrete − time signal processing. Pearson Education India, 1999.

[3] Rabiner, Lawrence R. , and Biing − Hwang Juang. Fundamentals of speech recognition. Vol. 14. Englewood Cliffs : TR Prentice Hall, 1993.

[4] Sturm, Bob L. "The state of the art ten years after a state of the art : Future research in music information retrieval." Journal of New Music Research 43.2 (2014): 147 − 172.

[5] Tzanetakis, George, and Perry Cook. "Musical genre classification of audio signals." IEEE Transactions on speech and audio processing 10.5 (2002): 293 − 302.

제5장

[1] Simonyan, Karen, and Andrew Zisserman. "Two − stream convolutional networks for action recognition in videos." Advances in neural information processing systems, 2014.

[2] Wang, Limin, et al. "Temporal segment networks: Towards good practices for deep action recognition." European Conference on Computer Vision. Springer, Cham, 2016.

[3] Zach, Christopher, Thomas Pock, and Horst Bischof. "A duality based approach for realtime TV−L 1 optical flow." Joint Pattern Recognition Symposium. Springer, Berlin, Heidelberg, 2007.

[4] UCF 101 #: http: //crev. ucf. edu/data/UCF101. php.

제6장

[1] Ren, Shaoqing, et al. "Face alignment at 3000 fps via regressing local binary features." Proceedings of the IEEE Conference on Computer Vision and Pattern Recognition. 2014.

[2] Sun, Yi, et al. "Deep learning face representation by joint identification − verification." Advances in neural information processing systems. 2014.

[3] Sun, Yi, Xiaogang Wang, and Xiaoou Tang. "Deep learning face representation from predicting 10, 000 classes." Proceedings of the IEEE Conference on Computer Vision and Pattern Recognition, 2014.

[4] Viola, Paul, and Michael Jones. "Rapid object detection using a boosted cascade of simple features." Computer Vision and Pattern Recognition, 2001. CVPR 2001. Proceedings of the 2001 IEEE Computer Society Conference on. Vol. 1. IEEE, 2001.

제7장

[1] Blei, David M. , Andrew Y. Ng, and Michael I. Jordan. "Latent dirichlet allocation." Journal of machine Learning research 3. Jan (2003): 993 – 1022.

[2] Gaussier, Eric, and Cyril Goutte. "Relation between PLSA and NMF and implications." Proceedings of the 28th annual international ACM SIGIR conference on Research and development in information retrieval. ACM, 2005.

[3] Lee, Daniel D. , and H. Sebastian Seung. "Algorithms for non – negative matrix factorization." Advances in neural information processing systems, 2001.

[4] ofmann, Thomas. "Probabilistic latent semantic analysis." Proceedings of the Fifteenth conference on Uncertainty in artificial intelligence. Morgan Kaufmann Publishers Inc., 1999.

[5] Landauer, Thomas K. Latent semantic analysis. John Wiley & Sons, Inc, 2006.

제8장

[1] Antipov, Grigory, Moez Baccouche, and Jean – Luc Dugelay. "Face aging with conditional generative adversarial networks." arXiv preprint arXiv: 1702. 01983 (2017).

[2] Goodfellow, Ian, et al. "Generative adversarial nets." Advances in neural information processing systems, 2014.

[3] Huang, Rui, et al. "Beyond face rotation : Global and local perception gan for photorealistic and identity preserving frontal view synthesis." arXiv preprint arXiv: 1704. 04086 (2017).

[4] Radford, Alec, Luke Metz, and Soumith Chintala. "Unsupervised representation learning with deep convolutional generative adversarial networks." arXiv preprint arXiv: 1511. 06434 (2015).

제9장

[1] Chen, Jim X. "The evolution of computing: AlphaGo." Computing in Science & Engineering 18. 4 (2016): 4 – 7.

[2] Dowding, Keith. "Model or metaphor? A critical review of the policy network approach." Political studies 43. 1 (1995): 136 – 158.

[3] Kaelbling, Leslie Pack, Michael L. Littman, and Andrew W. Moore. "Reinforcement learning: A survey." Journal of artificial intelligence research 4 (1996): 237 – 285.

[4] Sutton, Richard S., and Andrew G. Barto. Reinforcement learning: An introduction. Vol. 1. No. 1. Cambridge: MIT press, 1998.

[5] Wang, Fei – Yue, et al. "Where does AlphaGo go: From church – turing thesis to AlphaGo thesis and beyond." IEEE/CAA Journal of Automatica Sinica 3. 2 (2016): 113 – 120.

중·고등·대학생을 위한

인공지능
교과서 3
고급편

| 2022년 10월 21일 | 1판 | 1쇄 | 인 쇄 |
| 2022년 10월 31일 | 1판 | 1쇄 | 발 행 |

책임편집 : 최 성, 사이언스주니어인공지능연구회
감   수 : AI PLUS 피지컬컴퓨팅교사연구회
펴 낸 이 : 박   정   태
펴 낸 곳 : **광   문   각**

10881
파주시 파주출판문화도시 광인사길 161
광문각 B/D 4층
등   록 : 1991. 5. 31 제12 - 484호
전 화(代) : 031-955-8787
팩   스 : 031-955-3730
E - mail : kwangmk7@hanmail.net
홈페이지 : www.kwangmoonkag.co.kr

ISBN : 978-89-7093-238-5 03000

값 : 19,000원

한국과학기술출판협회
Korean Science & Technology Publisher Association